Y0-EJA-744

緊急警告!

第二の敗戦

堺屋太一
Taichi Sakaiya

講談社

はじめに

二〇一一年三月十一日、日本は未曾有の大災害に見舞われた。マグニチュード9・0の大地震、最大三十メートルを越す大津波、それによって生じた東京電力福島第一原子力発電所の大事故、である。

これは一八六〇年代の幕末、一九四〇年代の太平洋戦争に次ぐ「第三の敗戦」ともいうべき深刻な事態である。日本は一九九〇年頃から既に二十年、経済力の低下、社会の格差化、文化の後退（安直化）に見舞われている。今回の災害は、その末に襲って来た惨事、繁栄を極めた「戦後日本」の終焉をはっきりさせるような事態である。

大地震と巨大津波から七十日（十週間）を経た執筆時点でのこの国の姿は、敢えて「敗戦」と呼びたくなる状況だ。復旧復興の事態でも、予算や補償の仕組み創りでも、遅劣を極めている。

十六年前の阪神・淡路大震災の場合は、一週間目には電力が復旧、十週間後には水道がほぼ全面復旧し、三万戸の被災者用仮設住宅が建ち並んでいた。

災害後三十日目には、私の提唱した「震災復興委員会」が発足、復興計画の総合指揮を採った。元官房長官（後藤田正晴）、元国土庁次官（下河辺淳）、当時現職の兵庫県知事（貝原俊民）、そして日本万国博や沖縄観光開発を指揮した私（堺屋太一）など、事業経験と組織掌握力のあるメンバーが揃っていたからだ。

現在の菅直人内閣は、慌てて二十もの「対策本部」や「〇〇会議」を立ち上げたが、いずれも大臣、副大臣の兼務か学者評論家ばかりで、大規模事業の実務経験も組織掌握力も乏しいように見える。菅総理もそれに気づいたのか、五月上旬には組織の整理統合をいい出したが、まだその実態は分からない。

一方、東京電力の福島第一原子力発電所の事故は、なお進行中。様々な試みにもかかわらず、原子炉冷却の見込みすら立たない。政府と東京電力が出した収拾の工程表は「希望」を書き連ねたものに過ぎない。

そんな中で菅総理は中部電力浜岡原子力発電所の運転延期を要請、日本の電力需給を一層窮屈なものにした。

その一方、原子力事故の被災者への補償には、東京電力のみならず、全電力事業者にも負担を拡げ、政府資金と共に交付する機構を設ける、という。電力事業の体制改革などは避け、現状維持のまま小手先で処理したい様子が窺われる。

日本は近代に入ってから、二度敗戦を経験した。だがその都度立ち直り、それ以前よりもはるかに豊かで尊敬される国を再建して来た。敗戦前の古い日本を再現しようとせず、全く新しいきもち（倫理）とかたち（構造）の国を創り上げたからである。私が本書でも提唱しているのは、そんな国造り、明治の維新と戦後の復興に続く「第三の建国」である。

そのために必要なのは四つ。

第一は、政庁府省の権限枠と自治体の地域区別を超えた権限と機能を持つ「東北復興庁（仮称）」を設けて復興振興を一元化すると共に、近い将来の地域主権型道州制の「東北州」への基盤とすることである。

第二は、復興や事故補償の財源は、主としてエネルギー課税に頼り、省エネルギー社会の促進に向かうことである。ここでは電力事業を再編成し、自由競争と新技術でコストの低減を図るのも必要である。

第三は、真の開国、つまり今日の「厭《い》や厭《い》や開国」から「好き好き開国」に転じること。つまり外国と外国人を毛嫌いするのではなく、正しい情報と新しいやり方で国を開くことだ。この際、問題になる農業は、食糧増産思想から高級志向に転換するのである。

そして第四は、「身分社会」の解消。特に縦割り府省別の入省年序で出世する「身分」化した幹部公務員（官僚）を、能力と意欲に優れた適任者を就ける「職業」にすることだ。

戦後日本は、官僚主導・業界協調体制によって、規格大量生産型の近代工業社会を築き上げることで成功した。だがそれは九〇年代はじめに頂点を極めて凋落、既に惨めな状況になっている。この大災害を機に「新しい日本」を創らねばならない。これからの日本が目指すべきは、「満足の大きいことが人間の幸せ」とする知価社会、知価の創造が経済の成長と価値蓄積の主要な源泉となる社会だろう。

そこでは、運動能力と新知識の吸収力に富んだ若者だけではなく、経験と思慮に富んだ高齢者も好まれる「好老文化」が花開くはずである。

東日本大震災と原子力事故によって古い規格大量生産体制が破損した今こそ、新しい「知価日本」に出発する好機である。

しかし、それには決断と努力が要る。人間は、そして国家や社会は、それほどの感受性と敏捷性を備えているとは限らない。

第一の敗戦（幕末）では、薩英戦争や下関四国艦隊の砲撃（一八六三〜六四）で既に敗れていた。それでもなお四年、徳川幕藩体制は続いた。世間が動くまでには、それだけの「時」が必要だったのだ。

第二の敗戦（太平洋戦争）でも、一九四二年六月のミッドウェー海戦で敗れ、四三年二月にはガダルカナルからも敗退、戦争の敗北は明らかだった。それを当時の権力者が受け入れるのには、なお三年の大犠牲を要した。

菅内閣またはその後継者とそれらを操る官僚たちが、事態の深刻さを今の段階で見抜けるほどの知恵と忠義があるだろうか。

そうでなければ、日本はなお両三年、苦難の防戦を余儀なくされるだろう。だが、その間にも希望を持って、未来の新しい「知価日本」の建国に備えることを諦めてはならない。苦しくとも、新しい日本への創造と準備は怠ってはならないのである。

二〇一一年五月下旬の朝

堺屋太一

第三の敗戦　目次

装幀　多田和博
図版　プライマリー
　　　山口　勉

第二の敗戦

序章　「第三の敗戦」――日本を新しくしよう

二〇一一年三月十一日、M9・0の大地震、記録外の大津波が日本を襲った。死者行方不明者合わせて約二万五千人、被害総額は十六兆円～二十五兆円と推定される大災害である。

加えて、福島第一原子力発電所で事故が発生、半径二十キロメートル以内の地域は警戒区域、三十キロメートル以内は緊急時避難準備区域と指定される放射能災害も生じた。五月二十日現在、事故はなお収まらず、放射能漏れが続く状態にある。

さらに、五月七日には菅直人総理大臣が、中部電力浜岡原子力発電所の稼働中の三基の原子力発電を「津波対策ができるまで」停止するように要請した。世論の支持と注目を集めることを期待したものだが、「深刻な電力不足と燃料費の上昇を招く」との戸惑いを拡げている。

天災による直接の被害ばかりか、長期の電力不足とそれに伴う生活の不便や生産の停滞は避けられない。規格大量生産型工業社会によって物量豊かな繁栄を誇った日本の「一時代は終わった」というべきだろう。

この大災害においても、日本人全般の対処は実に優れていた。多くの人々が家族や資産をなくしたにもかかわらず、「災害地犯罪」はほとんど生じなかった。

外国では、先進国でも発展途上国でも、大災害の際には、略奪や暴動、暴行等の災害地犯罪が多発している。ところが日本では、一九九五年の阪神・淡路大震災の際もそうだったが、今回も災害地犯罪はほとんど起こっていない。

避難に当たっては、秩序正しく行動し、避難所の生活も辛抱強く平静が得られた。暴力沙汰はもちろん、迷惑行為すらほとんどない。そこには援《たす》け合いの精神が生まれている。

何とすばらしい日本人であることか。そのため、警察も自衛隊も、法的秩序の維持警備に勢力を割く必要がなかった。世界に誇るべき倫理の高さである。

国民大衆の優れた倫理と秩序感覚に比べ、この国の首脳部の行動は無力愚劣を極めた。

その第一は、大災害という非常時に対処する行動手順が、まったく用意されていなかったことだ。政府・菅内閣は直ちに災害特別法を発動、自衛隊に最初は二万人、次には五万人、二日後には十万人もの災害救助出動を命じた。自衛隊に出動を要請するまでに戸惑いのあった阪神・淡路大震災の場合のような「自衛隊アレルギー」は見られなかった。

また、世界各国からの援助をも素直に受け入れた。この点では阪神・淡路大震災の時よりは世間の理解は進んでいた、といえる。

しかし、菅内閣と政府中枢部は、災害対策の手順と方法を何も考えていなかった。このため、自衛隊の実力や志気も、警察、消防の機能も、市民の善意も、十分に活かすことができなかった。

巨大災害の対策には、①救助—②救済—③復旧—④復興—⑤振興の五段階がある。

救助とは、被災者の救命、被害の拡大防止の初期活動だ。ここでは「軽いものからいち早く」が鉄則である。最も軽くて重要なもの、それは情報である。

まずは消防や自衛隊のヘリコプターを動員、救助を待つ人たちを探査し、要所に無線通信機を持った通信員を配置して正確な情報収集に当たるべきだ。人命救助にも生活保護にも危険箇所の指定にも、まず情報である。

携帯電話やインターネットの普及で「情報は簡単に入手できる」という思い込みがあったのか、そんな活動はほとんどなされなかった。現実には航空法や電波法の問題もあったらしい。

情報の次には、飲料、医薬、緊急食糧、そして燃料、衣料の順で補給する。こうした救助活動は災害発生後一週間が勝負だ。

国政を預かる者は「治にいて乱を忘れず」、日頃からこの手順を心得ていなければならない。ところが、菅総理以下の現政府首脳たちは「治にいて治さえ忘れ、専ら戯（パフォーマンス）に徹す」あり様だった。ヘリコプターで被災地を眺めるなど、現地を見るより自分を見せる行為としか思えない。

いずれにしろ、この段階は一週間ほどで終わった。そして、その間に甚大な被害と原子力事故が生じていたのである。

第二段階の救済は、被害者の生命生活の保全、とにかく「生きてもらうこと」だ。ここで大事なのは速度。早急に食糧、衣料、燃料、医薬、そして生活の場を確保することである。

一九六四年の新潟地震の時には、全国から消防ホースを集めて繋ぎ合わせ、市街地に給水した。九五年の阪神・淡路大震災では、大阪からオートバイで食料品を運んだ。倒れた電柱や放棄車輛を避けて、一回六十キログラム、一日二往復、千人のボランティアが参加したことでコンビニエンス・ストアの食品販売が保てた。九五年頃には、そんな大胆なことをする企業経営者がいたのである。

このボランティア隊の中には、震災で飼えなくなったペットを持ち帰って里親を探した者もいた。私の知人の中にも、そんな犬を以降十年間飼い続けた人がいる。

この段階では、被災者の精神的安定も重要になる。医療機関の維持や避難所での暮らしの改善も考えなければならない。


救済段階はほぼ一ヵ月で終わり、復旧に入る。ここでは、とりあえずライフラインを通すことだ。水道、道路、電力、食糧、燃料、衣料、そして衛生施設や生活空間の確保である。また、被災地の小売業や飲食業の再開も急がれる。被災者にも救助者にも疲れがたまり、精神的不安定も生じ易くなる。衛生状態や人間関係も考えねばならない。

ここで重要なのは、速度と共に優先順位である。例えば、水道の復旧を急ぐべきか、道路を通して物資供給を優先するか、どの地域の何が先かを決めねばならない。それを巧みに行うためには、どこで何がどれだけ調達でき、どのルートでどのような手段でどれだけ運べるかを明確にする情報と総合指揮が不可欠だ。いわゆるロジスティックス（兵站《へいたん》）である。

日本人は、昔も今もロジスティックスが苦手であり軽視している。狭い島国で生きてきた日本人は、長距離大量に物資人員を輸送した経験が乏しい。

旧日本帝国陸軍は、物資食糧の輸送計画もないままに、各戦線に大軍をばら撒く愚を犯した。このため食糧不足で飢餓状態に陥った部隊も多い。

旧帝国海軍に至っては、そもそも物資の調達輸送に当たる「動員」の思考そのものがなかった。海軍の軍令は、いきなり「出師《すいし》」ではじまる。日本の軍港から兵員と物資を積んで出航すれば、それだけで戦闘できる「日本海海戦型」の戦闘しか考えていなかったのだ。日本人の兵站軽視は災害の場合も著しい。平時と同じ感覚で、それぞれの担当部局が物資と人員を掻き集め、手当たり次第に作業をはじめてしまうのである。

一九九五年一月十七日午前五時四十六分に阪神・淡路大震災が起きた。私は中一日置いた一月十九日に関西に入り、西宮市夙川《しゅくがわ》駅から自転車で神戸市内の被災地を一巡、翌二十日には、当時の村山内閣と与党の首脳たちに「関東大震災のあとでできた『帝都復興院』に倣って、省庁横断的な『復興院』を設けよ」と提案した。各省庁の権限範囲と地方自治体の行政区域を超えた「総合司令所」が必要と考えたからである。

これには私自身の後味の悪い経験がある。一九六四年の新潟地震の際、通商産業省（現・経済産業省）の工業用水課係長だった私は、直ちに工業用水道の復旧のために被災地に派遣された。通産省は各種メーカーを所管しているので水道管（ヒューム管）のメーカーに手配、いち早く復旧資材を確保することができた。その結果、上水道より先に工業用水道が復旧したのである。

通産省の職員としては褒められたが、私には「やはり上水道を先にすべきだった」という思いが残った。

復旧には「何からするか」の手順こそ重要である。それを正しく行うためには、政府各府省の権限と自治体の区域を超えた司令所が不可欠だ。だが、それは政府の府省の権限を侵すことでもある。

私の「復興院設立」の提言は、案の定、各省官僚から反対され、結局は調整機関の「復興委員会」に格下げされた。

それでも、下河辺淳氏や後藤田正晴氏などの強力メンバーで、各省庁内の権限争議や自己主張を抑えるのにはそれなりの効果があり、効率的な復旧復興には役立ったと思う。但し、委員としての私の思い――文化と産業振興を大事にしたいという思いは、半ばも達成できなかった。実施機関でない弱みである。

阪神・淡路大震災の復興委員会が発足したのは一九九五年二月十六日、災害発生から三十日目である。一九二三年九月一日の関東大震災のあとで、「帝都復興院」が発足したのが一九二三年九月二十七日、震災後二十八日目だったのに比べても、まずまずの早さである。それらに比べても、今回の対応は稚拙。震災から二ヵ月たっても組織が固まらない。

ライフラインの復旧は、三ヵ月程度で終わらねばならない。この間に生じる難問の一つが瓦礫《がれき》の処理。乗り捨てられた自動車や倒れた家屋の所有権の問題がある。放置すれば腐敗するが、焼却すれば付着した塗料から有害ガスがでる恐れもある。海岸埋め立てにすると海洋汚染が生じる。そんな問題を抱えながら、規制官庁や地域住民から許可を得て、急速に進めなければならない。瓦礫処理場の確保は難問の一つだ。

それでも災害から三ヵ月ほどの間に一応の復旧を終える必要がある。そして次の復興に進むのである。

復旧は、何はともあれライフラインを通すことだが、復興ともなれば被災地の将来を見通した計画性が必要となる。ところが不都合なことに、日本の法規では復旧は国費の援助でできるが、旧施設をより良い施設にするとなれば「新たな資産の取得」として予算査定を受けねばならない。

例えば、曲がりくねった道路があり、かねがね真っ直ぐに拡幅したいと考えられていた。「震災によって建物が喪失したこの機会に」と思っても、それは「新道建設」。元の曲がりくねった道路を復旧するのなら災害復旧でできる。こんなことから敢えて不便不十分な施設を再現することもある。復旧から復興へと展開する段階では、将来の計画との整合性も重要になる。

復興に当たって重要なことは、住民の生活やコミュニティの形成と、産業経済の復活振興、それに文化や楽しみの三つを同様の重みで進めることである。

ややもすれば「生活優先」、被災者への同情と人道的観点から「産業よりも生活」といいたくなる。文化や楽しみなどは見合わすべきだ、という自粛ムードが拡がり易い。

しかし、これでは世の中を暗くし「自粛不況」を招くことにもなりかねない。特に今回の東日本大震災では、原子力事故による電力不足を伴うだけに、この三つの配分が重要だ。

確かに被災者の生活の再建と安定は重要である。同時に日本の産業経済の観点も軽視してはならない。現在の日本は、阪神・淡路大震災当時に比べても産業力が低下し、経済にかげりが見えただけに産業の維持振興は大事である。

加えて、文化と楽しみの観点も考えねばならない。「被災者が厳しい生活を強いられているのに、歌舞音曲など怪しからぬ」というのは、いかにももっともらしく聞こえるが、世の中を暗くし、統制を強め、この国の文化芸能活動を絶滅させる危険な思想である。文化の花は実にひ弱、短期の自粛でも枯れ尽きてしまう恐れがあるのだ。

ここで、この三つのバランスを特に強調するのは、日本の現実が、いずれの面でも「きわめて厳しい」からである。

被災者らの生活安定が重要なことは論を待たないが、特に強調すべきは被災地東北の現実である。

まず地域住民の高齢化率（二〇〇六年）、特に被害の大きかった福島二三・二パーセント、宮城二〇・五パーセント、岩手二五・二パーセント。三県の高齢化率は二三・〇パーセント、全国平均（二〇・八パーセント）を上回っている。医療機関も縮小気味であり、医師や医療施設の絶対数も少ない。

産業構造から見ても一次産業比率が高く、企業による救済の得られない人が多い。その上、核家族化は進み、地域コミュニティの結束も緩んでしまった。この国では、親類一族が援け合って暮らす家族福祉も隣近所が寄り合って生きる地域福祉も稀薄化している。

それだけに、国の福祉が必要であり、被災者の精神的安定が重要である。乳幼児や障害者を抱える家族への配慮は特に急がねばならない。

被災地だけではない。電力不足は東日本全体にも大打撃を与える。幸い、節電と生産移転で計画停電は避けられそうだが、万一にも長時間の停電が生じると、高層マンションの上層階では暮らせなくなる。エレベーターや電灯、冷暖房ばかりか、ビルの揚水ポンプも止まり、水が供給できなくなる恐れもあるからだ。非常用自家発電はあっても長時間続けて発電することはできない。燃料切れで停電する恐れは大いにある。最新式のビルには、全電化で窓の開かないものもあり、エアコンディションが止まれば蒸し風呂化する。

計画停電の前後に冷房や貯水のために異常に電力使用料が増え、電力供給量を上回る恐れもある。そうなると広域緊急停電も危惧される。

高層ビルの場合、階段を一階上がるのに二分間を要する。二十階なら四十分間の「山登り」、両手に水入りバケツを持って上がるのは十二階が限界、という阪神・淡路大震災での経験もある。

そんなことを考えると、予算の配分でも電力の割り当てでも「生活優先」と叫びたくなる。

しかし、それだけではない。産業経済への配慮もきわめて重要である。今は、この国の財政金融は深刻な状況に陥っている。

二〇一一年度当初予算では総支出額九十二兆円に対して税収予想は約四十一兆円、支出総額の四五パーセントしかない。民主党菅内閣は特別会計などの「埋蔵金」を掘り出すなどして税外収支を増大させたが、それでもなお国債発行額は四十四兆円、税収以上の国債発行が必要になっている。子ども手当や高速道路の無料化などの人気取りバラ撒き政策で巨額の支出を増やしたからである。

ところが、今次の災害による被害総額は十六兆円ないし二十五兆円、その復旧復興には十兆円程度の公費負担が必要だろう。加えて、福島原子力発電所の事故による被害補償の問題がある。もちろんその責任は東京電力にあるが、一企業で持ち切れなければ、他の電力会社も国も分担せざるを得ない。

菅内閣は、五月二日に年金基金への国庫負担分の流用や予備費の活用で、約四兆円の第一次補正予算を編成した。これは、避難生活や自衛隊の活動、瓦礫の除去や被災者住宅など当面の復旧費、このあとには本格的な復興に向けて第二次補正予算が予定されている。それを合わせれば復興に必要な国債は十兆円以上にもなるだろう。阪神・淡路大震災の三倍である。

一方、税収は企業や個人の被災と不況で大幅に減りそうだ。恐らく、法人税、所得税、消費税などの減収は四兆円以上になるだろう。出入り合計十四、五兆円の赤字増加である。

もちろん、子ども手当の増額分や高速道路の無料化など、効果の曖昧な人気取りマニフェストを見直せば、何兆円かの支出を削ることができるが、それでも不足分は、当面国債発行の増加に頼るほかはない。恐らく補正後の実行予算は支出総額に対して税収が三分の一程度の末期的財政になると思われる。徳川幕府の最末期や敗戦時の大日本帝国と同じかそれ以下である。

そうなると、日本の資金バランスも気になる。二〇一〇年には公的資金不足が約四十兆円、これに対して企業の資金余剰が約三十三兆六千億円、家計の貯蓄が十一兆五千億円余あった。このため、国債発行を国内で消化することができた。巨額の財政赤字にもかかわらず、日本の国債が低金利で収まっているのはこのためである。

ところが、二〇一一年には国債発行額が増大する一方、企業の資金余剰は災害と不況で半減しそうだ。家計の貯蓄も被災地ではマイナスになるだろう。そうなると完全な貯蓄不足、国債の国内消化のためには、日本銀行が市場で既発債を買い上げて潤沢な資金を供給する操作が必要となる。アメリカの格付け会社S＆Pは日本国債の格付けを一ランク下げたが、下手をすると国債の信用度が急落、金利が上昇することもあり得る。

だが、それに脅えて、慌てて消費税の引き上げや相続税の増徴に走れば、一九九八年の「増税大不況」の再現ともなりかねない。

ここで増税をするのなら、消費税や相続税よりも、電力エネルギーの節約に効果のある炭素税（石油石炭の使用量に応じた課税）が適切だろう。福島原発事故の補償も東京電力の背負い切れない分は電力料金の値上げで全国民が負担することになる。

その上、五月七日、菅総理は中部電力浜岡原発の運転停止を要請した。これを実行すれば、中部電力も三百六十万キロワットの発電力を失い、夏の電力需給は危機に陥る。日本の産業経済は、菅内閣の思い付きと人気取りでますますのピンチだ。

日本経済の危機は、財政金融だけではない。生産施設の破損に加えて電力不足が重なれば、製造業の生産が減少、輸出が大幅に減退する恐れがある。

自動車や電機は震災による部品不足により生産の一時停止があった。その大部分は一ヵ月程度で回復したが、一年間程度は生産減少が続くだろう。そうなると、新興工業国に市場を奪われる恐れもあり、再起不能の打撃を受ける分野も出る。

四月の上中旬には日本の貿易収支が赤字になった。これからも輸出の減退や発電燃料の輸入増で貿易収支は厳しい。

これでは、一挙に日本は「貧しい国」に逆戻りしてしまう。国民生活と同じぐらいに産業経済への配慮が必要である。

もちろん、各企業は工場稼働日の調整による電力使用の平準化や生産拠点を西日本に移動するなどの工夫をこらして、生産の維持と輸出の継続に努めるだろう。海外の工場や現地法人の生産拠点を利用して、「メイド・イン・ジャパン」でなくとも、せめて「メイド・バイ・ジャパン」を保つことが考えられる。東日本だけではなく、西日本も、死力を尽くさねばならない時である。

さて、このようにいえば生活と生産に、「眦《まなじり》を決して勤労に徹することこそ尊い」という「非常時体制」に走りそうだ。官僚やパフォーマンス好きの政治家、迎合型のマスコミはそういうだろう。「文化・楽しみの類は自粛、被災者と苦楽を共にするのが道徳的」との感じも持ち易い。

しかし、これこそ「危険な思想」、日本の復興を妨げる「劇場主義的統制思想」だ。ACコマーシャルには既に「それ本当に必要ですか」などという「節約コマーシャル」が出ている。官僚統制主義の悪しき現れである。

震災復興に当たっては、「文化と楽しみ」はきわめて重要な要素である。特に現在は日本国民の志気が低下し、若者の心理が冷え込み、「好きなものがない」「熱中する対象がない」という声が聞かれる。社会、経済に続いて、いやそれ以上に日本の文化的危機が迫っているのだ。

一九八〇年代、規格大量生産型の近代工業社会を謳歌した時代には、この国の文化・娯楽も盛んだった。スポーツを楽しむ若者は多く、スキー場もテニス場も満員だった。遊戯も盛んでインベーダーゲームやカラオケが爆発的に流行った。そこから九〇年代の新産業、「スーパーファミコン」が生まれ、カラオケ・ルームが世界に拡まった。戦後世代の劇画アニメも健在で世界に発信されていた。スポーツでも芸術芸能でも世界で活躍する日本人スターが次々と現れた。

ところが、九〇年代以降、とりわけ二十一世紀に入ってからはすべてが衰退、スキーもゴルフもテニスも相撲も柔道も競技人口は減少、各地にできたリゾート施設は悪戦苦闘、閉鎖するところも多い。テレビゲームも伸びないし、マージャンや囲碁将棋も愛好者は減少傾向にある。

日本が得意といわれるアニメ、劇画の世界でも、二十一世紀に入ってからはヒット作が少ない。国際的に活躍する芸術家——建築、ファッション、デザイン、絵画、映像映画、音楽などの分野を見ても、世界的に有名な日本人の大半は六十歳以上である。

それだけではない。衣料でも家具でも食品でも、世界的な高級品の店舗は急速に日本から減少しつつある。中でも欧米産の高級家具店などは東京でも店舗数が著しく減少。中国や韓国に移転する傾向がある。その根底には、日本の「住宅の納戸化」現象がある。

二十一世紀に入ってからは、自宅に客を招く家庭ががっくり減った。二十世紀の間は、まだしも主婦の昼食会や子供の誕生パーティーを自宅で開く家庭も多かったが、二十一世紀になると、それも少数派になった。

「自宅に客を招かない」のなら、インテリアに凝る必要もない。たちまち住居が物置と化す「納戸化現象」が拡まった。これでは高級家具が売れないのは当然だろう。

納戸化した住居で育った子供たちが将来、世界に通用するような美意識を持てるだろうか。貧しくとも「よりよい住環境」を創ろうとする意欲が家庭にみなぎっていなければならない。

街の景観も同様である。私は二〇一〇年の上海万国博覧会に民間企業有志による「日本産業館」を出展した。八つのメイン出展企業をはじめ二十一社が出資する完全な民間事業だが、幸いにも大人気を博して黒字となり、出資企業には配当ができた。

上海を語る場合、欠かしてはならないのは経済的繁栄と共に、その華麗な夜景だろう。ネオンサインや屋外照明は実に煌《きら》びやか。上海から東京に来た旅行者は「東京は、今日は停電ですか」と訊《たず》ねるほどに、上海に比べると東京の街は暗い。

ところでその中国、二〇〇五年〜〇六年には電力不足に陥り、電力の大口需要工場に対して輪番停電制が実行された。時には家庭や商店にも及んだこともある。しかし、この膨大な数の屋外照明（電光広告）はほとんど止まらなかった。国民志気の向上と青少年の美意識喚起のためには、ネオンサインなどの屋外照明が大切というのである。今日、中国の経済的繁栄の陰にはそんな発想が働いているのだ。

要するに、現在の日本は、産業経済分野と同様、文化・楽しみの分野でも、危うい衰退状況にある。ここで日本の文化、芸能、楽しみをおろそかにするわけにはいかない。

もう一つ、文化・楽しみ（観光興行）などの重要さは社会経済の面からもいえる。この分野には短期雇用の勤労者が多く、興行の中止や観光の衰退は、失業者を急増させ、社会不安を招き易い。

日本はただでさえ自殺者が多い。一九九八年以来十三年連続で自殺者が三万人を超えた。その原因は様々だが、息詰まるような規制と人間関係が絡んでいることは推察に難くない。気分の上でも、短期雇用の拡大のためにも、「文化・楽しみ」の早期復活が不可欠である。それでも「電力不足の中で夜間興行など怪しからぬ」といわれる方々には、是非とも正しい情報を知ってもらいたい。「電力」というものの性格である。

電力は貯蔵できない。だから五月に節電しても八月に使える量が増えるわけではない。深夜に倹約しても翌日の昼の冷房や工場電力が増えるわけではない。その上、日本の場合、関東と関西（富士川が境）に五十サイクルと六十サイクルの差があり、東西の間は百万キロワットほどしか移送できない。つまり西日本で節電しても東京や東北の電力事情は改善しないのである。ピークは夏の数日、それも昼間の数時間だ（第1図）。

むしろ、夜間、オフィス需要や冷房需要が低下したあとは街のネオンや深夜テレビを大いに活用、雇用を増やし経済を復興し、世の中を明るくする方が、日本人の生活と日本経済のためになる。

節電計画や電力配分を行う者は、このことを電力消費者や一般国民によく説明すべきである。これこそＡＣ広報の務めだろう。

ところが今、経済産業省や東京電力には、停電の除外や節電緩和の特例を求める陳情者が押し寄せている。菅総理の「要請」で浜岡原発を停める中部でも似たことが起こりそうだ。「失敗した者が権限を拡大する」のは、官僚統制社会の悪弊である。

こうした中で、工場事業所の休日変更や夜間操業、サマータイムの実施なども真剣に考えられている。特にサマータイムは二十年も前から検討されているし、オフィスの休日変更は、かねてゴールデンウイークや秋の休日振り替えなどの形で検討されていることだ。

休日振り替えは、「他の会社が休みでは仕事にならない」とか「西日本や外国の企業と連絡がつかない」などの不便が指摘されているが、この際こそ実行に踏み切るべきだろう。これが巧くいけば、日本社会全体を省エネルギー型にする一助ともなるに違いない。

中期的（二～三年）問題として重要なのはインフレ（需要過剰―物価上昇）か、デフレ（供給不足―物価下落）かであろう。

実は両論ある。インフレ派は震災津波による生産施設の破損や原発停止の電力不足で供給が減退する一方、需要の方は復興需要で増加、モノ不足カネ余りの物価高になる、と見る。いわゆる財政赤字頼みの物価上昇、「楽しくないインフレ」の到来である。

これに国際的な資源価格の上昇や中東情勢の不安なども加えて大幅な円安を予想する。

デフレ派は、災害による個人消費の低迷や輸出の激減、企業活動の海外流出を懸念、日本

第1図　東京電力管内需要(2010年8月・日別)

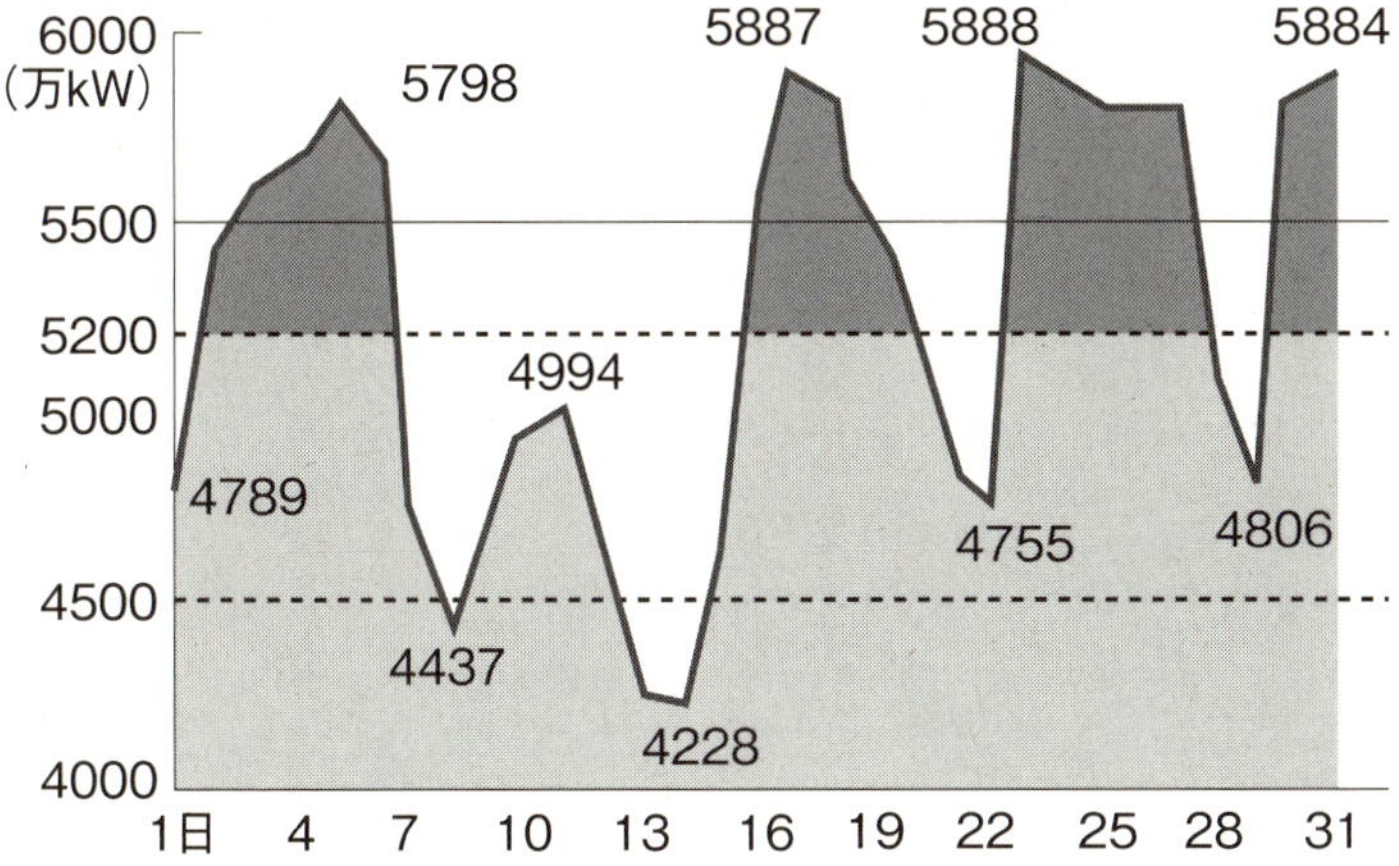

(日経新聞2011年4月13日参照)

第2図　2010年夏の最大需要日の使用量(7月23日、東京電力管内)

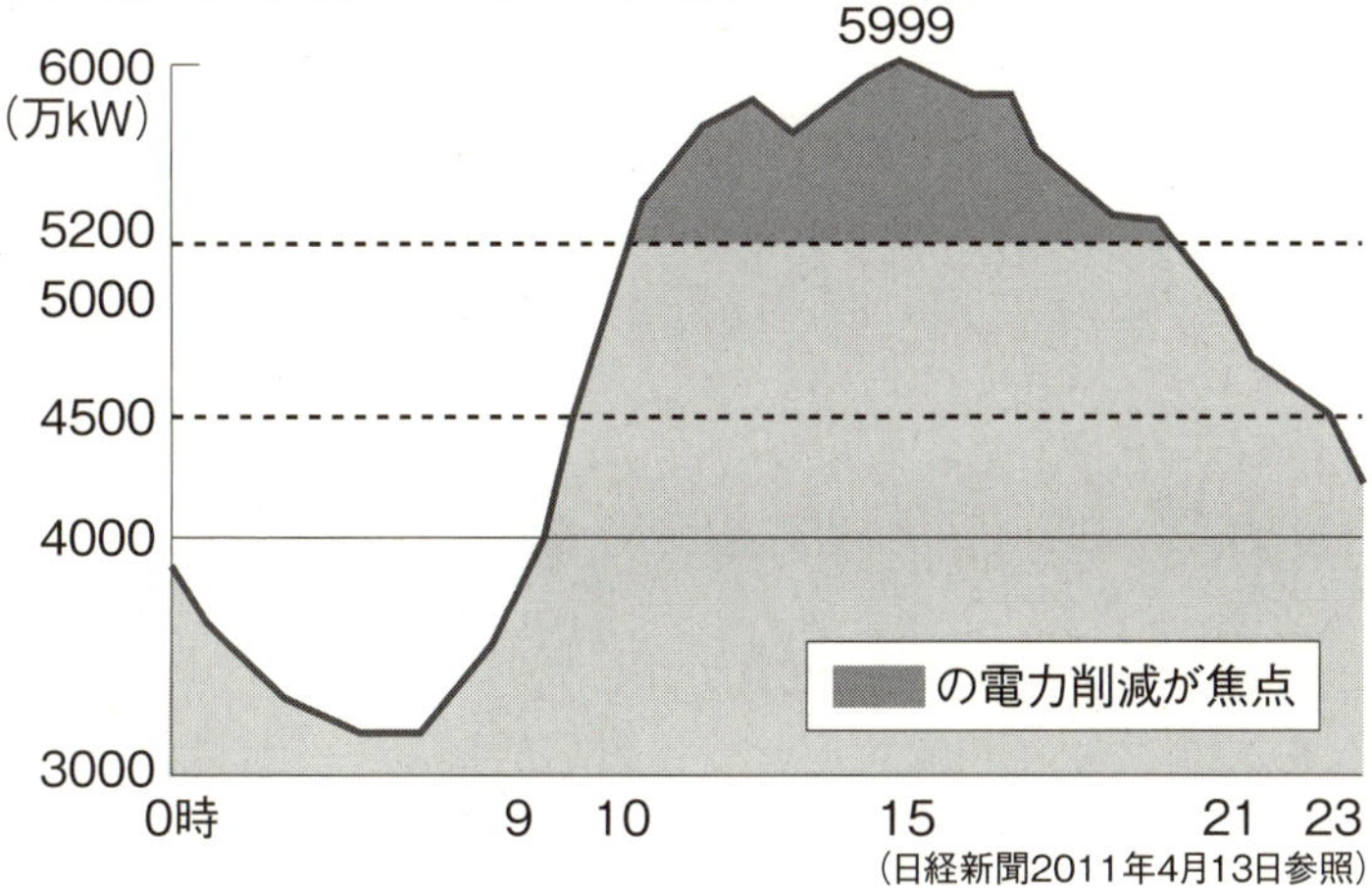

(日経新聞2011年4月13日参照)

経済の規模縮小を懸念する。特に土地や高級ブランドものの購買激減などの需要減退を強調する。ここで政府が増税にでも走れば「大不況必至」の見方も強い。こちらは一ドル七十円台の円高ドル安を予測している。

阪神・淡路大震災の場合は、震災後三ヵ月だけ円高で、一ドル九十円を超えた。それからあとは大幅な円安、三年後には一ドル百四十円台になってしまう。

五月になっても、両方の見方を支持する動きが交差している。

インフレ派を強化するのは菅内閣の乱暴さ、財政赤字を膨らませるバラ撒き復興や補償を行う一方、中部電力の浜岡原発の運転停止などで、いよいよモノ不足、カネ余りが拡大していると指摘する。確かにこの二ヵ月は、日本の国力と社会基盤を損なう方向が多い。

その反面、五月の連休には予想以上の人出があり、「自粛不況も早期に終わりそう」という見方も出ている。この人出が消費回復につながる本物なら、この夏頃からは円安株高、需要回復のインフレ方向に向かうだろう。

デフレ派もまた、菅内閣の思い付き人気取り政策を指摘する。「これでは安心できない」と企業が外国に逃げ出し、復興需要も政府のもたつきで特定業種にしか拡がらない。「復興住宅はできたが、産業施設は減少し、営業店舗への投資はない」という状況に陥るというのである。

それにもう一つ、国際的にも引き締め型に入るのではないか、という懸念がある。国際金利は上昇気味で、五月に入ると国際商品価格も下落した。日本の輸出は一層のダメージを受け、経済大国は完全に消滅してしまう、との見方だ。

最悪のケースは、インフレとデフレの共存するスタグフレーション。輸入資源や食糧は値上がりし、国内需要も電力不足で減少、安全基準や規制の強化などで物価は値上がりはするが、生産流通施設の回復は遅れ、失業は増加、復興と補償にバラ撒かれた政府資金だけが汚泥水のように澱《よど》む状況である。

現在の民主党菅内閣は、財政資金の盛大なバラ撒きと電力供給量の削減など、人気取りに徹する場当たり政策に熱中している。「モノは少なくカネは多く」のスタグフレーション路線をひた走っているように見える。

それでいて、のちに（第四章）述べる抜本改革は一切考えていない。負けても負けても同じ惨敗路線をひた走った徳川幕末期（一八六四〜六七）や太平洋戦争後半（一九四三〜四五）と同じパターンに陥っているのかも知れない。

国民生活や社会の構造でも、産業経済の情況でも、文化や国民志気の点でも、近年の日本は下り坂だ。恐らく日本の社会、経済、文化が最も輝いたのは一九九〇年前後であっただろう。それから既に二十年、「戦後日本」は凋落の道を辿っている。そこに生じたのが今回の大災害、「戦後という一時代が終わった」と感じる人々も多いに違いない。

国勢後退の折に不運な災害に襲われる例は多い。だが、今回はそれだけではない。地震と津波は天災だが、原子力事故は日本の安全基準を疑わせ、技術の信頼を失わせた。その後の対応の遅拙さは、この国の政治機能をも疑問視させている。

ここで敢えて極端な表現を許して頂くとすれば、これは「第三の敗戦」ともいえる。

しかし、世を儚《はかな》み、この国の将来に絶望することはない。日本は近代に入ってからも過去に二回、無残な敗戦を経験した。一八六〇年代の徳川幕藩体制の崩壊と一九四〇年代の太平洋戦争での敗北である。

だが日本は、その都度、逆境をはね返して再生、よりよい国を創り上げて来た。いずれの場合も「過去の日本」を再現するのではなく、まったく新しい国のきもち（倫理）とかたち（構造）を創り上げたからである。

これからの復興とこの国の再生を考える前に、まずこの国の歴史を見ておこう。それこそが、この国の行く末を誤らないための指標になる、と思うからである。

そのことから生み出される復興と新たな国造りについては、第四章にまとめて申し上げたい。日本をより豊かにより輝かしい国とするのは、新しい国造りである。

第1章　白地に描かれた「明治日本」

「近代」に入ってから百五十年、日本は二度、悲惨な「敗戦」を経験した。だが、その都度甦り、より強く、より豊かで、より楽しい国となった。「敗戦」前の状況に戻ろうとせず、大胆に新しい「国のきもち（倫理）とかたち（構造）」を創り上げたからである。

近代最初の「敗戦」は一八六三年から六四年（文久三～元治元年）、薩英戦争や四国艦隊の下関砲撃戦（いわゆる馬関戦争）での惨敗である。

この時の日本は、単に軍事的に敗北しただけではない。技術や制度、社会の体質、さらにはこの国の抱いている倫理観や美意識に至るまで、すべての点で「敗北」を実感した。このため日本は、すべてを変更する大革命「明治維新」を断行し、以降五十年間にわたり発展することができた。

第二の敗戦は一九四五年（昭和二十年）の太平洋戦争の敗北である。この場合は、アメリカを中心とする連合国の巨大な戦力によって、三百万人余の戦死者を出し、全国都市が焦土と化した。この国の生産力は枯渇し、統治機構も崩れ去った。

そればかりか、それまで日本が拠って立った思想が否定され、社会正義の方向さえ失われてしまった。太平洋戦争の敗北は単なる軍事的敗戦ではなく、古き大日本帝国を根底から破壊したのである。

だがそれ故にこそ日本は、全く新しい国是の下、新たな国造りにいそしみ、以降五十年の繁栄を得た。そして、やがては近代社会の「天国」といえるまでになった。

日本は、百五十年間に二度敗れ、二度再生した。しかもその都度、敗戦前よりもはるかに豊かで麗しい国になった。それは序章にも記した通り、敗戦前の日本を再現しようとせず、新しい倫理と美意識を以て新しい社会体制と国土構造を創ったからである。

一九九〇年から二十年間の衰退と硬直の末に迎えた今回の大災害は、「第三の敗戦」というべきものだ。人命や物財に甚大な損失を受けただけではなく、戦後日本の社会体質と発想の硬直による不備があからさまになったからである。それだけに今われわれは、古い日本、「戦後体制」を再現しようと考えてはならない。家造りやエネルギーの倹約などの「小手先改革」で済ませようとしてもならない。これまでとは違った新しい日本のきもち（倫理）とかたち（構造）を創ることが必要である。

1 幕末——第一の敗戦

◎長い下り坂——そして「黒船」

一八五三年（嘉永六年）六月三日、アメリカ太平洋艦隊、いわゆる「黒船」が出現した。この艦隊は、日本政府（徳川幕府）の制止を振り切って浦賀沖に侵入、開国を迫る国書を手渡した。これは当時の幕府官僚にとっては「想定外」の事件だった。

悪いことにこの時、十二代将軍家慶は死の床にあり、政治的決断のできる状態ではなかった。この将軍は黒船出現から二十日目に死去してしまう。その上、次期将軍の家定は生来の病弱で、判断を求められるような人物ではなかった。資格（血統）重視の身分社会だった徳川幕藩体制としては「運が悪かった」といわざるを得ない。

このため、先任老中の阿部正弘らは大いに慌て、諸藩に対策意見を募ったりもしている。幕閣（時の内閣）の権威が傷付いたのは当然だが、徳川幕藩体制そのものが揺らぎ出すまでには、なお十年かかる。

この時期、日本の経済は天保（一八三〇〜四四）以来二十年の下り坂が続いていたし、文化の面も低迷していた。徳川時代最良の輝きを示した文化文政期（一八〇四〜三〇）の繁栄は一世代も前のことである。

そんな中で幕府は、体制を変えることなく、政権と政策と人事だけを変えた。一八五八年（安政五年）彦根藩主の井伊直弼《いいなおすけ》を大老に迎え、「安政の大獄」と呼ばれる強引な政策をはじめた。反対派の水戸斉昭《なりあき》らを追放、列強諸国と最小限の国交を開いたのである。

このこと自体は、単なる政変による政策変更に過ぎない。幕府も諸藩も一般市民も、幕藩体制の永続に何の疑問も不安も感じていなかった。二年後の安政七年（三月十八日に万延と改元）三月三日、大老井伊直弼の暗殺（桜田門外の変）も政争政変の域を出ない。

それよりも重要なのは、ペリーの黒船が日本国民に残したメッセージだ。それは、

「日本人よ、安定だけがよいのではない。世界は今、進歩の最中だ。国を開いて進歩を取り入れたらどうか」

というものである。

徳川幕藩体制は、身分社会、鎖国経済、縮み文化の三つから成っていた。それを支えた「正義」は「社会的安定」である。徳川幕藩体制二百六十年は、「安定」がすべてに優先された。このためには、生活の利便も、経済の豊かさも、日々の楽しさも、捨て去られた。

例えば、社会的安定のためには、地域の成長格差は少ない方がよい。都市に人口が集まり過ぎ、過疎化貧困化する地域が出たのでは、大名間の勢力が不均衡となり、やがては社会の安定を揺るがしかねない。そんなことを恐れた徳川幕府は、人と物の流通を不便にした。

最も重要な街道の東海道でさえ、敢えて大井川に橋を架けない。架橋が技術的に難しかったわけでも、費用の点で無理だったわけでもない。ここを越すのには雲助さんに背負われて渡る。大水が出れば川止め、二、三日も滞在させられる。それぐらい不便にしておけば、旅行は抑制され人口移動が制限できる、と考えたのである。

これでは貨物輸送はほとんど不可能だ。徳川時代には、都市域を出ると車輛の使用は禁止、大名行列の絵図にも車は全く描かれていない。荷物を運ぶのは人夫が担ぐか馬背に乗せるかである。道路の地盤が軟弱で、轍《わだち》の跡が水溜まりになってしまうからだ。

この時代、貨物を運ぶのはほとんど船である。ところが、この船も厳しく制限され、複数の帆柱の船は禁じられていた。

帆柱一本の帆船は向かい風の操船が難しく、暴風に流れるとカムチャツカまで行ってしまう危険がある。そんな不便で危険な船しかなかったのだ。

日本人が複数の帆柱の船を知らなかった訳ではない。戦国時代（十六世紀）には三本柱の船があり、朝鮮や中国にも渡海していた。徳川時代にも、オランダ船や中国のジャンクなどが往来していた。だが、そんな便利な船を使わせては物流が安価安全になり、生産力の高い地域に産業人口が集中、過疎化する地域の領主が困ってしまう。そんなことがないように、徳川幕府は複数帆柱の船舶を禁止していたのである。

もちろん、教育や世評の面でも、安定こそ正義と説いた。徳川時代の寺子屋は、専ら封建身分社会で安定的に生きる術と思想を教えるものであった。徳川後半期に流行した石門心学は、勤勉と倹約を説いたが、生産性の向上は語らなかった。いやむしろ憎んでいたとさえいえる。

こうした安定した身分社会に人々がようやく飽き出したのは天保時代（一八三〇〜四三）だ。徳川二百六十年間には、経済の発展期と低迷期とがほぼ六十年周期で現れる。近代経済学でいう「コンドラチェフの波動」が見事に描かれているのである（第3図）。

この最後の波が文化文政時代を頂点として下り坂に入った。「黒船」が現れたのは約二十年の長い下り坂の時期に当たっている。

それだけに、「黒船」の発した「安定よりも進歩」という近代社会への誘いは、日本人の心にも強く響いたのである。

◎「外国は恐ろしい」と教えた「厭《い》や厭《い》や開国」

これに対して、徳川幕藩体制側は激しく反発、あらゆる手段を以て抵抗した。とはいえ幕府の官僚たちは、欧米列強の軍事力を理解していたので、その要求を完全に拒否できないことも悟っていた。

第3図　徳川時代の長期波動（コンドラチェフの波）イメージ図

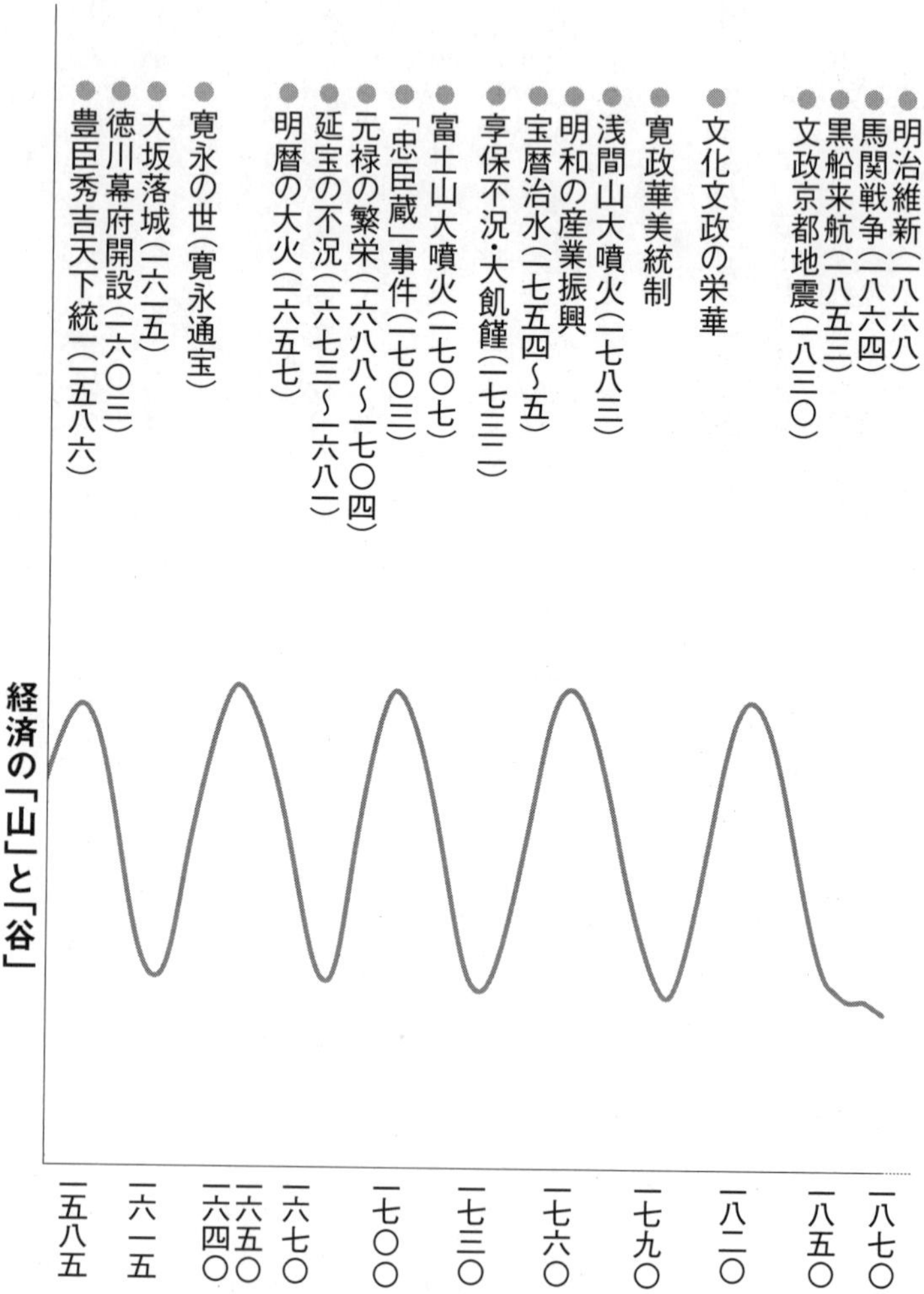

幕府の採った対策は「ぶらかし法」、外国船を長崎に回航させて回答を長引かせる「たぶらかし」である。プチャーチン提督のロシア艦にはこれが通用したが、アメリカの「黒船」は強引だった。

窮地に立った幕府は、まずアメリカと、次いでは列強諸国と通商和親条約などを結ぶ一方、国内には「外国恐怖症」を巻き起こす情報を流した。つまり、欧米の武力に押されての「厭や厭や開国」だったのだ。

幕府は「開国」はしたものの、外国人の居住地を定め旅行を制限したばかりか、外国人の恐ろしさを宣伝した。「欧米人は髪を垂らしタバコを吸い獣肉を喰《く》う鬼畜」というイメージを全国に撒き散らした。幕末に描かれた欧米人の似顔絵は、いかにも恐ろしげな天狗《てんぐ》か鬼になっている。

このため、日本国民、とりわけ武士身分の者のほとんどは、攘夷論者になった。幕府の官僚たちは、自ら創った攘夷論に苦しむ風を装いながら小出しに列強に譲歩することで、封建身分社会を守り通そうとしていたのである。

この頃の徳川幕府では政争が激しく政権は揺れ動いていた。一八五八年（安政五年）七月に病弱の十三代将軍家定が子を残すこともなく病没すると、大老井伊直弼に推されて紀伊家の家茂が十三歳で十四代将軍となる。これで「井伊政権」は万全になったかに見えた。

だがそれも束の間、二年後には井伊大老が暗殺され、老中職も次々と入れ替わる。

それでも幕藩体制自体が揺らいだわけではない。大和で挙兵した天誅組《てんちゅうぐみ》や水戸天狗党の反乱もすぐ抑えられた。

ところが、幕府が撒いた「外国恐怖症」は効き過ぎた。中でも真面目な長州藩や薩摩藩の士卒の中には、本気で攘夷（外国人撃ち払い）を決行する者も現れた。

一八六二年には、薩摩藩主島津久光の行列を騎馬で横切ったイギリス人を薩摩藩士が斬り付ける事件（生麦事件《なまむぎじけん》）が生じた。幕府は償金十万ポンドを支払ったが、攘夷熱にうかされていた薩摩藩は犯人処罰を拒否する。これに対してイギリスは翌年七月、七隻の艦隊を派遣、鹿児島市街を砲撃する（薩英）戦争になった。

薩摩藩も砲台から反撃、水路に不案内なイギリス艦船に損傷を与えはしたが、鹿児島市中が丸焼けになる惨敗を喫した。

また、これより少し前の一八六三年（文久三年）五月には、長州藩が下関海峡を通航中のアメリカやフランスの艦船を砲撃する事件が起こった。これに対して、アメリカ、フランス、イギリス、オランダの四ヵ国は翌六四年（元治元年）八月、連合艦隊を編成して下関を砲撃する戦争（馬関戦争）が生じた。

この戦いは日本側の完敗だった。パリのアンバリッド軍事博物館には、この時分捕った長州藩の大砲が展示されている。小規模な派遣艦隊でも、水兵が悠々と上陸して、長州藩の砲台から大砲を外して持ち運ぶほどの余裕さえあったのである。

この二つの戦いで日本人は、日本の弱さ、とりわけ支配階級の武士の非力無能を悟った。それまで日本人は、「武士は強くて有能だ」と信じていた。だが、そうではなかった。

◎「武士の文化」が崩れた

政権は変わり易い。だが、体制は簡単には変わらない。災害や財政の破綻、無能悪逆の君主の出現ぐらいでは、一国の社会体制が崩れることは滅多にない。世の体制を根本から変えるのはただ一つ、支配階級の「文化」が国民全般に信じられなくなった時である。

一九八九年から九一年に生じた社会主義諸国の体制崩壊は、そのことをよく示している。当時の東側社会主義陣営は、共産党の一党独裁と徹底した言論統制で国内をまとめ、テロも暴動も見られなかった。中核国のソ連は、大量の核兵器で武装し、広大な領土を持ち、十分な資源を産する大国だった。

そんなソ連を中心とする東側社会主義諸国が、一九八九年十一月の「ベルリンの壁」の崩壊を契機に一気に倒壊してしまう。

東側諸国の経済が不振だったとはいえ、大量の餓死者がでるような状況ではなかった。アフガニスタンでソ連軍は苦戦していたが、敵に攻め込まれていたわけではない。言論統制や行事規制に対する不満があったとはいえ、大規模なデモやストも生じてはいなかった。

それなのに、八九年十一月九日、東ベルリンの市民たちが東西を隔てる「壁」を潰し出したのを、東ドイツの官憲ばかりか、付近に駐留していたソ連軍も止めようとはしなかった。社会主義計画経済を司る共産主義の「文化」が信じられなくなっていたからである。

日本の幕末、二百六十年余も続いた徳川幕藩体制が崩壊したのもこれと同じ理由、「武士の文化」が信じられなくなったからである。

徳川時代の武士は、戦国時代に勝ち残った戦士の後継者とされていた。そのせいか、全国民が「武士は強い」と信じていた。武士の方も、剣術を習い、行儀を正し、日々月代《さかやき》を剃って装束を整えた。その姿は、いかにも忍耐強く強壮に見えた。

しかし、現実には、十七世紀はじめの「大坂夏の陣」が終わったあとは、武士は急速に軍事機能を失い、行政官か警察官、そして多くは無為徒食の集団と化していた。

「軍隊」であるためには、三つの必要条件がある。

その第一は、他に断然優越した兵器を保有し、組織的に運用できること。

第二は、集団的軍事行動のできる組織と指揮命令系統を常に備えていること。

第三は、その集団だけですべての行動が可能な「自己完結性」を有していることだ。

軍隊は、すべての平常活動が停止した戦場で働くことを前提としている。従って、戦闘行為だけではなく、物資運送に当たる輜重《しちょう》兵《へい》も、土木建設に当たる工兵も、医療担当の軍医も、軍事法廷を設置する権限と機能も備えていなければならない。死者を弔う従軍僧も欠かせぬ要素である。

戦国時代、とりわけ織田信長出現以降の武士集団は、以上の三条件を備えた「軍隊」であった。ところが、「大坂夏の陣」が終わると共に、徳川幕府は諸藩の武士からこれらの機能と組織を失わしめ、自らもそれを縮小、やがては廃止してしまう。

このため、寛永年間（一六二四〜四四）以降ともなれば、武士は専ら徴税（年貢取り）に当たる行政官か、治安監視の警察機能を持つだけとなり、それ以外は外部下請けに出すようになる。武士を「職業」としてではなく「身分」として保つためには、無為無能な者も勤まる形にしなければならない。

その反面、徳川幕府と諸藩の大名は、体制維持のために武士の身辺を様々に飾り立てた。服装、姿勢、言語、そして日々出仕して行儀よく座り続ける忍耐である。

要するに、徳川幕藩体制下の武士の文化とは、「様式美」である。少数の有能者がいたのは確かだが、大多数の武士は、ただ「様式美」を守るだけの存在になっていた。

それでも国民の多数は、勇敢強壮であった先祖の伝承と端正な様式によって、「武士は強い」と信じ込んでいた。一般庶民だけではない。蘭学を修めた開明派の福井藩士橋本左内（一八三四〜五九）でさえ、黒船対策として「幕府が艦隊造営を直命すれば、たちどころに外国船を撃破、世界を威圧するであろう」などと建白している。「武士の統領たる幕府は世界一強い」と思っていたのだ。薩摩藩や長州藩が「攘夷」を成そうとして外国艦隊と戦ったのも、「武士は強い」の思い込みがあってのことに違いない。

しかし、結果は前述の通り、百倍の兵数を以てしても、近代銃砲で装備した欧米軍に惨敗してしまう。

このことが伝わると、日本全国で「武士の文化」に対する不信と拒否が現れた。それをさらに徹底させたのが馬関戦争直後に幕府がはじめた「長州戦争」である。

四国艦隊が下関を砲撃した直後に行われた第一次長州戦争では、なお幕府を恐れた長州藩主毛利敬親が、三人の家老を切腹させて詫びたので、武力衝突にもならずに済んだ。だが、それを不満とした高杉晋作らが挙兵、翌々一八六六年（慶応二年）の第二次戦争では長州藩の民兵（非武士の武装集団）の抗戦に幕府の大軍が負けてしまう。

幕府は、この年七月二十日に十四代将軍家茂の死去を理由に長州戦争を停止するが、最早武士の弱さは誰の目にも明らかであった。「武士の文化」は全国民の信用を失ったのである。

◎「最後の将軍」の虚しい改革

四国艦隊の下関砲撃に惨敗した長州、その長州の民兵に敗れた幕府の大軍、これによって武士の弱さは明白になり、「武士の文化」は日本国民の信頼を失ってしまった。そんな時に十四代将軍家茂が二十一歳の若さで死去した。これに代わって将軍位を継いだのは、一橋家の慶喜《よしのぶ》、第十五代将軍である。

慶喜の父、水戸徳川家の斉昭は大の攘夷派、かつては井伊大老の開国方針に反対して安政の大獄で追放蟄居《ちっきょ》処分を受けた人物である。慶喜もその際、追放されている。従って、紀伊徳川家から入った家茂に代わって、水戸系の慶喜が将軍位に就いたことは、幕府の中では、与野党が入れ替わる大政変だった。二〇〇九年八月の衆議院選挙で、自民党から民主党に政権が移ったのに似ている。

十五代将軍となった慶喜もそれにふさわしく「手八丁口八丁」の人物で、正式就任（十二月五日）の前から大改革に着手する。まずは長州戦争の軍を解散、講武所を陸軍所に改称、軍制改革に乗り出す。弟の昭武をフランスに送り、万国博覧会に参加させる。有栖川宮《ありすがわのみや》以下の反幕公家を赦免して公武の合体を図った。

さらには、フランス公使ロッシュの意見を入れて外国総奉行を置き、軍艦を購入して「海軍」を新設、造船所も造る。福井の松平慶永《よしなが》（春嶽《しゅんがく》）や土佐の山内豊信（容堂《ようどう》）らの「賢侯」たちを招いて列侯会議を開く。外様大名には幕政に口出しを許さなかった伝統を破る大改革である。

開明君主の徳川慶喜の改革は、幕府を近代的な内閣制に移行させることを目指したものだ。この行き着いた先が翌一八六七年（慶長三年）十月十四日の大政奉還である。松平慶永の提言をいれたものだが、いわゆる「公武合体」の新体制である。

この間に慶喜は税制や行政機構も大改革、大坂への遷都さえ決定していた。徳川慶喜は徳川幕藩体制の大改革を企てていたことは間違いない。

だが、そんな努力も全く虚しい。慶喜は武士の身分を廃止することができなかったからだ。慶喜の改革は、いかにも多方面に及んでいるが、封建身分体制の中での政策変更に過ぎなかった。既に信用を失った「武士の文化」にこだわり続けたのである。

このため、翌一八六八年（慶応四年／九月八日に明治と改元）一月、薩摩や長州が討幕軍を上洛させると、たちまち幕府軍は支持を失い、鳥羽伏見の戦いで敗北、慶喜自身も江戸に逃げ帰り、遂には薩長を中核とする討幕軍（官軍）に降伏せざるを得なくなってしまう。

薩英戦争や馬関戦争での敗戦から四年余、徳川幕藩体制は消滅、日本は近代的な中央集権国家として再生するのである。

2 甦る明治日本

◎「明治維新」とは何か

幕末維新を語る史書や小説は数多い。だが、その多くは人物論や政変ドラマで、当時の日本の姿を正確に描いているとはいい切れない。のちの日本の発展成功を知るが故に、それを生み出す原動力となった時代を美化する傾向が強いのである。

しかし、現実の幕末維新の日本は惨めだった。政治は外国との戦争に連敗して分裂、低水準の武力抗争に明け暮れており、どの勢力も明確な未来を示すことができなかった。

経済は最貧国の状態にあり、ほとんどが一次産業に従事していた。製造業は手工業の段階に留まり、資源の開発は手掘りの域を出なかった。交通輸送は人の足と一本帆柱の木造船に頼り、情報は人が走る飛脚しかなかった。治安の良さと暮らしの清潔さは外国人にも讃えられたが、行政手法や立法司法は勘にのみ頼っていた。通貨制度も現物貨幣、支払いの際に目方を量る銀塊が主要通貨だった。あらゆる面で見て、「最貧の孤立国」でしかなかった。

この状況からして、幕末は「敗戦」と呼ばざるを得ない。

それでもこの国には、少しばかりの幸運があった。極東の端に位置していたため、欧米列強の植民地主義が及ぶのが最も遅かったこと、そしてこの国が大混乱に陥っていた時期（一八六三〜七二）には、欧米諸国もまた大混乱期にあったことだ。

日本に最も早く開国を迫ったアメリカでは、一八六一年に南北戦争が勃発、極東にまで関与するどころではなくなっていた。

ヨーロッパ大陸では、ドイツの統一を巡って、普墺戦争（一八六六）や普仏戦争（一八七〇〜七一）が生じ、欧州以外を省みる暇もなくなっていた。日本が幕末維新の動乱を迎えていた頃、極東に軍事と商業の面で介入できたのは、イギリスとロシアだけである。

だが、ロシアは領土拡大意欲の強い帝国主義国ではあったが、産業経済の発展は遅れていたし、社会の面では農奴制度さえ続いていた。結局、日本の政治と通商に強い影響力を持てたのはイギリスだけである。そしてそのイギリスも、ペルシアから中国にまで植民地帝国の版図を拡げ、日本を領有するほどの意欲はなかった。この頃、イギリスが急いでいたのはインドの支配と中国長江地域の半植民地化である。

こうした国際情勢が、日本には幸いした。徳川幕藩体制が崩壊した瞬間から、新しい国造りをはじめることができたのである。「明治維新」の体制一新である。

明治維新は世界的にも珍しい大革命である。

その特色の第一は、武力衝突は短期かつ小規模で流血の惨事は少なかったことだ。一八六八年（慶応四年）一月の鳥羽伏見の戦いから翌年五月の箱館戦争まで、すべての動乱における戦死者は三万数千人。欧米諸国の近代革命や独立戦争に比べても短期間で戦死者も少ない。

第二は、この大改革を指揮した「一人の英雄」がいないことだ。今日読まれる史書や小説では、西郷隆盛や大久保利通、桂小五郎（木戸孝允）、高杉晋作、岩倉具視らの存在がクローズアップされている。最近では坂本龍馬も大活躍した様に語られる。

これらの人々はそれぞれに重要な役割を果たしたことは間違いないが、思想的にも軍事的にも決定的な指導者を特定することができない。

そして第三には、この革命がどこの革命よりも徹底的な変革を生んだことだ。世界の歴史の中でも、明治維新ほど徹底的な倫理と体制の変更を生んだ革命は珍しい。恐らくそれは、「武士の文化」が完全に国民の信頼を失っていたからであろう。

では、世界史にも珍しい徹底した大革命、明治維新とは何だったのか、その精神性と具体的内容を考えてみよう。

まず、第一にその精神において重要なのは、「武士の文化」を廃棄して、新しい近代的倫理を導入したことだ。

徳川幕藩体制の正義は、唯一「安定」であった。明治維新は、これに替えて「進歩」を導入した。ここでの美徳は「忠勇」と「勤勉」である。「進歩」のためにはこの二つが不可欠と考えられたからだ。このことを簡明にいい表した四文字熟語が「富国強兵」と「殖産興業」である。では、この倫理（社会正義）を実現するために採られた体制変更の具体的な改革は何であったか、大きくいえば次の六つである。

◎「厭《い》や厭《い》や開国」から「好き好き開国」へ

明治維新による倫理と体制の変更の中でも、最も重要かつ基本的なものは、外国に対する見方、考え方の変更である。ひと言でいえば、徳川幕藩体制の「厭や厭や開国」から、明治維新政府は「好き好き開国」に転向したのである。

幕末の幕府官僚たちは、いくらか外国について知識があり、近代的軍事力の凄まじさをも理解していた。だから「攘夷」の不可能なことを知り、安政時代に「開国」に踏み切った。だが、それは最小限の開国、いわば「厭や厭や開国」だった。「安定」が唯一最大の正義とすれば、そうならざるを得ない。

「維新の志士」といわれる人々も、最初はみな「尊皇攘夷派」、武力を以てしても外国を撃ち払え、と主張していた。幕府の流す情報を無邪気に信じていたのである。

ところが、薩英戦争や下関四国艦隊の砲撃戦によって欧米列強の持つ近代的軍事力の凄まじさを知らされた。そしてそれが「戦《おのの》き」から「憧れ」に変わった。「あの凄まじい強さを日本も持ちたい」と考えたのだ。

そのため、幕府も諸藩も近代兵器の輸入を求めて長崎在住の外国商人の下に走った。土佐脱藩浪士の坂本龍馬も、越後長岡藩家老の河井継之助も同じことをしていた。

しかし、近代兵器は高価で数を揃えなければならない。それには膨大な資金が要る。それも外国に通用する金銀でなければならない。この金銀を揃えるためには産業振興、そのための技術の習得が必要である。維新の志士たちがそれに気付くのには長くを要しなかった。

このため彼らは、攘夷論から外国に学ぶ開国派、それも「好き好き開国」に転向する。

それにもかかわらず、「維新の志士」には転向者の暗さを感じない。彼らの心中では「攘夷」も「開国」も、「外国に蔑まれない日本を創るための手段」に過ぎなかったからだろう。

鳥羽伏見の戦いで勝利した薩長らの維新政府は、幕府の流した「外国恐怖症」から解き放たれ、欧米列強に学ぶことに熱中する。欧米の技術を学び、制度を採り入れ、お雇い外国人を重用したばかりではない。自らも靴を履き、髪を切り、牛肉を喰《く》い、ダンスを習った。

幕末には「欧米人は獣肉を喰う鬼畜」として描かれていたが、明治になると美男美女に変化する。武士の様式美は野暮と無知の象徴となり、官軍兵士は断髪・もも引き姿になる。井伊大老のはじめた「厭や厭や開国」から明治は「好き好き開国」に急転したのである。

実はこの転換こそ、進歩追求型の近代思想の導入そのものだった。明治維新が開いた第一の改革、それは外国に対する見方の変更、「好き好き開国」への転向である。

明治新政府は、多くの制度や技術を外国に学んだ。郵便の制度や鉄道、造船の技術はもちろん、通貨制度や民法商法まで、外国人を雇って外国の制度と概念を採用した。

「好き好き開国」の白眉は一八七一年（明治四年）の岩倉遣外使節団。右大臣岩倉具視を特別全権大使、木戸孝允（桂小五郎）、大久保利通、伊藤博文、山口尚芳《ますか》を副使、多数の随員や留学生を伴って米欧を巡回する。

この一行は新興のドイツ帝国を模範とした啓蒙君主国を目指すことを決断し、帰国後は西郷隆盛や江藤新平の征韓論を排して内治優先を唱えた。「洋行帰り」こそが日本の近代を決めたのである。

◎版籍奉還——身分社会から職能社会へ

明治維新第二の改革は、一八六九年（明治二年）の「版籍奉還」、つまり武士身分の廃止である。このことによって日本は封建的身分社会から近代的職能社会に転換したのだ。

明治維新の中でも、最も重要な改革である版籍奉還については、歴史小説や映像ドラマでもあまり詳しくは語られていない。

旧体制を主導する徳川慶喜は「大政奉還」の大芝居を打ったが、その実は、福井藩主の松平慶永（春嶽）や土佐藩主の山内豊信（容堂）らを加えた合議体で政権と体制を維持しようとした。

長州藩や薩摩藩は、これを不満として武力闘争を進める。そのために武士身分以外の者も加えた軍隊（いわゆる官軍）を組織、その指揮を西郷隆盛や大久保利通、木戸孝允、山県有朋、板垣退助らの中堅、下級の武士が採ることにした。いわば兵力増員の必要から武士の身分制度を破ったのだ。

このため、鳥羽伏見から箱館戦争に至る戦いで勝利した薩長らは、最早武士の身分を守り、それを裏づける俸禄を支給することができなくなっていた。この実態に即して、官軍の中核をなした薩摩、長州、土佐、肥前の四藩で、俸禄授受の制度（版籍）を止めざるを得なかった。この大改革を主導したのは西郷隆盛、木戸孝允、そして肥前（佐賀）出身の江藤新平らである。

版籍奉還は、政治的決断よりも武士以外の者を多数官軍に組み入れてしまった結果の「止むを得ない措置」だった。そのため、ドラマや小説になるような劇的場面が少ないのだ。

官軍の主力をなした薩、長、土、肥が行った版籍奉還に、他の藩も追従した。大抵の藩は財政悪化で俸禄を支給し続けられない状況になっていたからだ。そのせいか、この件を巡る武力闘争などはほとんど起こっていない。

経緯は劇的ではなかったが、版籍奉還による社会変改は巨大だった。これによって一五九一年（天正十九年）に豊臣秀吉が身分に関する条規を制定して以来二百八十年も続いた身分社会が終わったのである。

明治維新の後で、政治家、官僚、軍人として活躍した人々には、中堅下級の武士階級出身者が多い。これは、なお武士身分が優遇された証拠ともいわれるが、むしろ武士階級に読み書き計算などの教育が普及していたせい、とも考えられる。

実際には、軍人や官僚の間では、薩長土肥の「勝利者連合」の藩閥意識が強かった。これに対して、経済経営の分野は開放されていた。乱暴な経済改革で、東京や大阪の財閥が破綻する中、東京の三井、大阪の住友、鴻池《こうのいけ》らは生き残る。また、土佐の岩崎弥太郎（三菱）、越中の安田善次郎、越後の大倉喜八郎、京都の古河市兵衛らの新興勢力が続出する。

日本は、明治二年の版籍奉還によって、出身身分で選ぶ「身分社会」から、能力や意欲によって抜き出る「職能社会」になったのである。

版籍奉還をなし遂げた維新政府は、これを実効あるものにする政策を次々と断行した。一八七一年（明治四年）八月には散髪脱刀令を発し、武士身分を象徴する外見をも禁止した。もっとも、散髪脱刀令が出る前から髷《まげ》を切る者が多かった。ここに「武士の文化」が失われていたことが現れている。

◎廃藩置県――中央集権国家の礎

明治維新の第三の大改革は一八七一年（明治四年）七月の廃藩置県である。

徳川幕府を倒した薩長ら「官軍」は、維新政府を樹立、江戸を東京と改名して首都と定めたものの、全国各地の行政の実態は元の諸大名をそのまま「藩知事」と改名しただけで居座っていた。いわば「帽子は変えたが、羽織袴はそのまま」だったのだ。

とはいえ、版籍奉還が断行されてからは藩知事の実力は乏しく、行政も停滞していた。そこで、薩長土から一万人の鎮台兵が集まったのを軍事基盤として、一八七一年七月、在京の藩知事を召集、廃藩を命じ三府（東京、大阪、京都）と三百二県を置くことにした。幕府直轄領だった三都を府とし、他は三百諸藩をほぼそのまま県にしたのである。

同時に、諸藩主（旧大名）には家禄と華族の身分を保障して東京への移住を命じ、諸藩の年貢は政府の収入とした。特に重要なことは藩知事に代わって三府には知事を、三百二県には県令を中央政府から派遣したことだ。これによって日本は一気に中央主権型の官僚体制になったのである。

なお、この年（一八七一年）十一月には「改置府県」と呼ばれる府県統廃合が行われ、三府七十二県になった。これによって旧藩の残渣《ざんさ》はほぼ解消されたのである。

「廃藩置県」は、明治日本の国の「かたち」を決めた大改革であると当時に、この国が「進歩」を目指して中央集権型の統一市場を作ることを明確にしたものである。国の「かたち（構造）」の基には、その国の目指す「きもち（倫理）」が明確であらねばならない。明治維新の凄さは、薩長土肥の寄り合い世帯にもかかわらず、目指す「かたち」が一方向（中央集権）に揃っていたことである。

◎新貨条例――模索の末に正解を得た幸運

いつの時代もどこの国でも、革命政権にとって最大の難関は経済である。

二十世紀の後半、アジアやアフリカで多くの国家が独立、「建国の父」と崇められた政治家が政権を立てた。彼らは長い独立闘争歴を持つ英雄であり、国際社会でも目立つ存在だった。それだけに二十年、三十年の長期政権を維持した者も多い。だが、経済の成長安定に成功した者はほとんどいない。

革命や独立運動は闘志と情熱、国民的人気で成功できるが、経済の成長安定には、冷静な判断と地道な努力、賢明な組織とかなりの幸運が必要である。明治の日本には、そのすべてが揃っていた。その現れが通貨制度である。

革命や独立をなし遂げた新政権が必ず直面するのは財政難と通貨の不安定だ。明治維新新政府も例外ではない。

幕末の幕府財政は極度に悪い。幕府の安定財源である幕府領年貢収入は歳出の半分以下、その差額は献金や臨時課税、そして何よりも貨幣改鋳益金（出目）で賄《まかな》われていた。

金（小判）や銀子の現物を通貨としていた徳川幕府は、随時、小判や銀子を改鋳して金銀分を減らして数量を増加させた。その増加分（出目）を財政収支とするのである。

元禄時代の勘定奉行荻原重秀（一六五八〜一七一三）がはじめたこの方法は、財政難の解決策として何度も繰り返された。このため、幕末に発行された「万延小判」などは小型で薄っぺらいものになった。銀子も鉛の混合率が高くなる。

貨幣の品質下落と数量増加は物価の上昇を招く。その上、財政難に陥った諸藩の発行する藩札（借金手形）も乱発されていた。諸藩の中には、両替屋等からの借財の金利だけで年貢収入を上回る絶望的な状況のところも少なくなかった。

幕末の勘定奉行の小栗上野助忠順《ただまさ》は、綿密な財政見通しを立てていたが、それによると幕府直轄領（天領）の年貢を三倍に引き上げなければ財政は維持できない、とされている。

徳川から政権をもぎ取った薩長土らの維新政府は、そんな財政をも引き継いだ。経済については知識も用意もなかった維新政府は、大いに慌て、臨時に「太政官札」を出したりする。旧藩主や版籍奉還した武士ら三十一万三千五百人にも公債一億七千万円余を交付した。平穏に各藩武士団を解体するため盛大な「バラ撒き」をしたのである。

旧藩主や武士たちには、頂いた公債を元手に事業（商売）をはじめた者も多かったが、「武士の商法」の譬《たと》え通り、ほとんどは失敗する。また、開墾事業も大規模に進めた。今般の東日本大震災で甚大な被害を受けた宮城県牡鹿原もその一つである。

結局、多種類の通貨が乱発される状況になり、明治二年には外国商人たちが貨幣基準を設けるように要求、明治政府は慌てて丸型一円の貿易銀貨を造ったりしている。

こうした混乱に多少とも統一を与えたのが一八七一年（明治四年）五月に発布された「新貨条例」、旧貨幣を回収して新紙幣に交換するという法律だ。円型の一円銀貨を基準とした紙幣を発行し、呼称も円、銭、厘に統一した。

この新通貨、はじめは銀本位とされていたが、岩倉遣外使節団でアメリカ滞在中の伊藤博文が「世界の標準は金本位だ」と書き送って来たことにより、急遽金本位にした。明治維新政府の首脳部の通貨に関する知識はその程度だったのである。

これによって通貨統一が成り、紙幣の通用が拡まった。維新政府はイギリスで二百万ポンドの外債を発行する一方、金銀正貨が外国に流出するのを見すごしていた。日本国内では三井組や鴻池らの豪商に国立銀行を設立させ、その信用を利用して紙幣流通を促した。随分乱暴なやり方だが、これによって外国からの制度や設備の導入が可能になった。インフレ景気が産業投資を促したのである。

もっとも、その間の貿易赤字や外国人による金融操作で、日本から大量の金銀が流出してしまった。明治四年の新貨条例によって、同十七年までに新鋳造された金貨は五千五百万円余だったが国内に残ったのは千百万円、銀貨も四千八百八十万円の鋳造のうち残ったのは千九百四十万円。金は八〇パーセント、銀は六〇パーセントが外国に流出したわけだ。明治十八年当時の日本は、破綻寸前だったのである。

当然、物価は上昇、明治十年には東京中央市場で一石五円七十銭だった米が十三年には十二円二十銭に、二年間で二倍以上になっている。元禄時代（一七〇〇年頃）には四石一両、幕末には一石一両、一両を一円に替えたのだから二百年で五十倍になったことになる。

このような試行錯誤を経ながらも、日本は統一呼称の紙幣主体の通貨制度を持ち、銀行制度を整えた。これによって「信用創造」という金融機能を手に入れたのである。

この大胆な通貨改革こそは、明治維新の第四の大改革だった。

◎明治の建軍——強い軍を創った素人たち

明治維新の第五の大改革は軍制である。明治政府の軍事的基盤は薩長を中心とした「官軍」、いわば革命軍である。一八七一年（明治四年）二月には、薩長土の三藩から集まった一万人を親兵、つまり天皇直属の国軍兵士とし、東京、大阪、鎮西（小倉）、東北（石巻）

に鎮台を設置した。軍隊組織について詳述は避けるが、肝心なことは軍人をすべて国家の軍隊とし、軍人を身分にかかわりなくなれる職業にしたことである。

幕末の幕府との戦いで、長州の高杉晋作は武士ではない農民町人出身者を武装させた「奇兵隊」を創設している。これが前例となって討幕軍（官軍）には、非武士出身の兵士が大勢参加していた。そんな討幕軍を基にして明治の国軍は生まれた。だから、軍人は身分ではなく地位、つまり職業になったのである。

実際、明治維新政府では、軍人と文官との区別は明確でなかった。同じように官軍を指揮していた中から、西郷隆盛や山県有朋は軍人となり、大久保利通や伊藤博文は文官になった。ただ重要なことは、いずれも明治政府という統一国家が雇用する地位だったことだ。明治維新政府は、いち早く「私兵」や「地方兵」を禁止したのである。

また、建軍当時は陸軍と海軍の区別もなかった。一八六九年（明治二年）に設立された官制では、六省の一つとして「兵部省」が設けられ、全軍を統括していた。これが陸軍省と海軍省に分かれたのは一八七二年（明治五年）二月のことである。

それでも軍令に関しては参謀本部に一元化されており、陸海軍の別はなかった。海軍に軍令部が設置され、参謀本部が陸軍だけになるのは一八九三年（明治二十六年）のことだ。

要するに明治日本の建軍は、身分にも家柄にもよらない素人軍人によって、国家直属の唯一の軍隊として創られた。それだけに人事も自由だったし、権限意識も乏しかった。西郷隆盛の弟従道《つぐみち》は、陸軍中将から海軍大将となり、海軍大臣などを務めている。そんな軍隊を明治維新は創ったのである。

◎学校制度――教育刷新

明治維新の第六の重大改革は、学校・教育改革である。

一八六八年（明治元年）、明治維新の時点で、日本は世界一の教育大国だった。男性の四〇パーセント、女性の一五パーセントが寺小屋などの教育機関に通い、読み書きソロバンなどの基礎教育を受けていた、といわれている。幕末には全国に一万余の寺子屋があり、その多くは女性の入学も認めていた。このため、日本国民の識字率はきわめて高かった。

これに対して欧米では、最も進んだ工業国であったイギリスでも教育機関に通う者は男性の二五パーセント（四人に一人）のみ、全ヨーロッパに女性の入学を認める教育機関は全くなかった。

ところが、明治維新政府は、一八七二年（明治五年）、全国統一の教育制度を定めて「学制」を制定、全国を大、中、小の学区に分けた。特に全国に小学校を設置する。

ここで注目されるのは、世界一普及していた教育機関の寺子屋や修養塾を改良するのではなく、全く新しい発想と施設で椅子式・統一教科書を基本とした小学校を造った点である。

教育に限らず、明治政府はほとんどの分野で徳川時代の既成機関を活用しなかった。飛脚を改善して郵便にしたのではない。イギリスのローランド・ヒルの提唱した近代郵便制度（全国一律切手貼り）による郵便網を設けた。

両替商を改善して銀行にしたのではなく、新制度の銀行を一部華族や資産家に創立させた。廻船業者を使わず、岩崎弥太郎の三菱に汽船会社を起こさせた。中でも徹底していたのは教育、全国各地の素封家に呼びかけて教室や講堂を寄付させたりして、椅子式・統一教科書の学校を開かせたのである。

なぜそうしたのか、それは「教育の目的」、つまり人づくりの目標が変わったからである。徳川幕藩体制での正義は安定、寺子屋が育成しようとした人材は、身分制封建社会の中で社会の安定に役立つ勤勉で従順で分を心得た人間である。

これに対して明治の目標は進歩、それに役立つ人間は仕事に勤勉で国家に忠勇であるべきだ。そのためには先ず読み書きができ、同僚との協調性や新しいものへの好奇心がなければならない。何より重要なのは命令に従って突進する忠義と勇気である。

そのために学校は、一般家庭とは異なる椅子式とし、日本国民の共通性を意識する統一教科書が必要だった。

学校における教育内容を巡っては、その後も様々な議論があったが、明治初年に定められた学校制度とその倫理観こそは、近代日本の形式に大いに役立ったのである。

◎発展の仕組み——「坂の上の雲」を目指して

今日、新たな「維新」を唱える人は多い。だが、その多くは政策政権の小手先改革を並べるばかりで、国家国民の目指すべき倫理（社会正義）や国の体系（国家構造）については明確に語っていない。

明治維新は、単なる政権担当者の人事変更（政権交代）ではない。

その第一は、安定の倫理と身分社会の構造を否定し、進歩の概念を採り入れた思想革命であった。そこで信じられた倫理は忠勇と勤勉、創られた国家コンセプト（国是）は「富国強兵」であり「殖産興業」である。

そしてその実現のための政策が、①好き好き開国、②版籍奉還、③廃藩置県、④新通貨制度、⑤国軍創生、⑥教育改革・学校設立、である。これらの大改革を経た明治日本は、近代化に突っ走るマシンだった。これによって日本は、三十年ほどの間に初期の産業革命を成し遂げ、日清・日露の戦争に勝利し、第一次世界大戦でも「勝ち組」に入ることができた。

だが、その間にも「第二の敗戦」太平洋戦争への芽は育っていたのである。

3 明治日本の発展――後発帝国主義への道

◎強かった「明治の日本軍」――理想の啓蒙主義国家

幕末維新の頃の日本は弱かった。薩英戦争でも馬関戦争でも惨敗した。明治の日本は「敗戦」、すなわち日本の弱さと貧しさを知ることから出発した。

特に、岩倉遣外使節団として米欧を回った伊藤博文、大久保利通、木戸孝允らは、欧米の富強を見るにつけても、日本の弱さ、貧しさを痛感した。それだけに彼らは、西郷隆盛や江藤新平の「征韓論」に反対、内治財政の充実を主張する。

これに対して西郷や江藤には、それまでの日本を率いて来た武士階級に、なお期待するところがあった。やがて彼らは武士身分だった者たちに押されて、江藤は佐賀で、西郷は鹿児島で反乱して滅亡する。明治維新を「武士文化の排除」としては捉え切っていなかったのかも知れない。

「武士の文化」を完全否定した維新政府は、前節で述べた六つの大改革を行った。この「六大改革」こそ明治維新の実態である。

その結果、日本はどんな国に生まれ変わったのか、ひと言でいえば「理想的な啓蒙国家」である。

では、どこがなぜ「理想的」だったのか。

まず第一は、どこの国の植民地にもならなかったことだ。

前述のように「極東の端」という地理的位置と、欧米における動乱期に遭遇した歴史的な幸運によって、日本は特定の国の植民地にはならなかった。また有史以来、国土国民が分裂したことのない統一により、分割統治されることも、長い分裂抗争に陥ることもなかった。その点では、徳川幕藩体制二百六十年の「中央集権的封建社会」の功績も大きい。

第二は、自らの弱さと貧しさを心底理解した故に、伝統文化や過去の制度にこだわらず、「理想の組織」が創れたことだ。

教育や運輸、郵便、金融通貨などでは、過去の組織や人材を、敢えて活用しようともしなかった。政治、軍事、法制においても同様である。このため、十九世紀中に欧米で発達していた（当時としては）最新の理想形を各分野で真新《まっさら》に構築できたのである。

例えば、一八八五年（明治十八年）に来日して陸軍の教導に当たったプロシア（ドイツ）軍人のクレメンス・メッケル少佐（一八四二〜一九〇六）は、モルトケ参謀長推選の秀才だったが、日本陸軍にこそ、ドイツでは果たせなかった夢の実現を期待していた。

十九世紀末のドイツでは、プロシア（東北ドイツ）の地主貴族（ユンカー）の勢力が強く、高級将校はユンカー出身者に独占されていた。その一方、一般兵士は見下げられ、出世の可能性もなかった。

メッケルは、伝統もなければ差別もない理想の軍隊を、日本にこそ創ろうとした。その当時の日本軍には、出身による差別も少なかったし、陸軍大学校も誕生したばかり（開校一八八三年＝明治十六年）で卒業生もいなかった。いわば真白な地に理想の絵が描けたのだ。

第三は、日本人の受教能力の高さ、いわばモノマネ上手である。日本人は、外国から技術を導入すれば、四十年で「師の国」を越えるほどに上達する伝統がある。

例えば、中国から銅の溶着技術が入ったのは和銅年間、恐らくは七〇八年頃と見られている。その時、日本人はまず中国の技術をそっくり真似て「丈六仏」（立てば身長一丈六尺になる仏像）を造った。それを繰り返すうちに徐々に上達、四十年後の七四七年（天平十九年）には、中国にもない巨大な溶着像「奈良の大仏」を鋳造した。

一五四三年（天文十二年）に鉄砲が種子島に伝来した時もそうであった。はじめは種子島の鍛冶屋が、のちには紀伊や堺の鍛冶屋が、そっくりそのままを真似る。だが急速に上達、様々な改造を加えて量産に成功する。

弘治年間（一五五五〜五八）に北九州の大名がポルトガル船を襲った時、南蛮の宣教師は「堺で造られた粗悪な鉄砲を持って」と記述している。ところが、伝来から四十年後の一五八三年（天正十一年）、大坂築城の頃には、日本の鉄砲は量質共に世界一だと宣教師も認めている。その頃、日本では全国で一日二百挺の鉄砲が生産されていたという。関ヶ原合戦の頃には全国に十万挺近い鉄砲があったともいう。それほどの量産ができた国は他になかっただろう。

明治維新における外国技術の導入も同様だ。例えば、日本に近代的な綿紡績が導入されたのは一八八一～八二年、大阪紡績が設立された（一八八二年＝明治十五年）頃である。

それから四十年後の一九二二年（大正十一年）には、大阪は世界最大の綿紡産業の中心地になっていた。ただ一途に欧米の綿紡績技術を学んだ上、綿花のブレンド（混合）技術を進化させて高級綿糸布の製造に成功したのである。

日本人の受教能力の高さ（モノマネ上手）の理由の一つは、技術導入による社会変化などの全体像を考えず、ひたすら技術や制度だけを学ぶ生真面目さにある。古くから中国に生まれた大乗仏教や漢字文化をひたすら学んで来た歴史的伝統ともいえる。だがこのことが、やがてはこの国の社会全体の歪みともなるのだ。

明治日本の成功の第四の、そして最大の理由は、この国の倫理（社会正義）が時代と国柄に適っていたことだ。明治は黒船の発したメーセージで「進歩」の精神を導入した。欧米の強さと豊かさを知るにつけても、日本人は「進歩」へのめり込み、そのための忠勇と勤勉を倫理とした。徳川時代以来の「安定」は捨てられたし、「信仰」や「自由」はもともと重要ではなかった。

二十一世紀の現在から見れば奇妙なことだが、太平洋戦争までは、「安全」や「平等」もさして重要視されなかった。危険な戦場に赴くのは国民の義務であり誇りでもあった。火事場や水害で危険を省みず飛び出すのは「カッコより男気」だった。「口でいうより手の方が早い」のも男の美学としては悪いことではなかったのである。

そうした倫理と美意識が、明治の日本を急速に成長させ、「富国強兵」と「殖産興業」を実現させた。

この結果、明治維新から一世代後には、日本は早くも初期的な産業革命を終え、低水準ながらも近代産業を興すことができた。鉄道、郵便、銀行の制度は完備し、初等教育は全国に拡まった。日本各地には「成金」が生まれ、人々の羨望の的となった。

軍隊も強かった。陸軍はドイツに、海軍はイギリスに学んで、前歴に捉われることなく、純粋軍事目的で将兵を鍛えたからである。

もっとも、これには幸運もあった。明治に日本が相手にした清国やロシア帝国の方が、大変弱かったことである。両国とも多くの人口と広い国土を擁していたが、日本が戦った時には政治は無能であり、社会は遅れ、国民は分裂していた。清国もロシアも、日本との戦いから二十年を経ずして崩壊してしまう末期症状の国家体制だったのである。

日本のその後の不幸は「幸運を実力と勘違いした」ことからはじまる。

◎明治日本の頂点――大正デモクラシー

明治維新にはじまる「明治日本」の頂点は、一九一八年（大正七年）の第一次世界大戦に勝利した時点であったろう。

第一次大戦では、日本は幸運にも、日露戦争以前からの日英同盟に従って英仏側で参戦、さしたる戦いもしないままに戦勝国の座を得た。しかもこの大戦の期間には、戦争特需とヨーロッパ製品の止まったアジア市場への代替輸出で好景気に恵まれ、産業経済は大いに発展した。巷《ちまた》には戦争成金が続出、ハイカラ文化が蔓延した。戦後は、国際的にも戦勝国の一つとして扱われ、自ら「世界三大強国の一つ」と称するほどになった。

もっとも驕り高ぶった日本にも、少しばかり反省する部分があった。明治初期から模範として来たドイツ帝国の官僚主導が崩壊したことだ。

「官僚主導の啓蒙主義大国ドイツ帝国が民主主義の英米に敗れた」という衝撃から、日本も少しだけ民主主義の方向に歩んだ。これが「大正デモクラシー」といわれる状況である。

「大正デモクラシー」が挙げた最大の成果は、二十五歳以上の全男性に参政権（投票権）を与える「普通選挙」の採用（法律成立は一九二五年＝大正十四年）である。一九二八年（昭和三年）に第一回普通選挙が実行された日の新聞は、これ一つで世界が変わるような歓びの声に覆われている。

だが、結果は与野党（政友会と民政党）が均衡する不安定な状態となり、国民は政権争奪に明け暮れる議会政治にすぐ飽きてしまう。

他にも、国民の失望を招く事態が続発する。

その第一は一九二〇年（大正九年）にはじまる戦後不況だ。第一次大戦の終結と共に軍需特需は終わり、アジア市場にも欧米商品が戻って来た。このため、一時的に膨れ上がっていた日本の新興産業は大打撃を受け、経済は不況に陥った。戦時に急成長した日本の産業は技術の水準も経営の基盤も弱かった。

この国には輸出に代わる国内需要を創るような消費市場も政策能力も育っていなかった。明治日本は、第一次世界大戦の戦勝を頂点として早くも下り坂に入っていたのである。

◎下り坂の入り口で災害が起こる——日本の奇運

日本の歴史では、奇妙なことに、経済文化が下り坂に入ると、早々に大災害に見舞われることが多い。

例えば、戦国時代（十六世紀後半）は一五九〇年（天正十八年）の豊臣秀吉の天下統一で繁栄の頂点をきわめたが、無益な朝鮮出兵で下り坂に入ると、一五九六年（慶長元年）伏見大地震が発生、建てたばかりの伏見城天守閣などが倒壊してしまう。

徳川時代、最初の繁栄期は寛永（一六二四〜四三）時代、その栄華が翳り出すと、江戸で明暦の大火（一六五七年＝明暦三年）が起こり十万八千人が死んだ。また、元禄（一六八八〜一七〇三）の繁栄が終わって下降に向かいはじめた一七〇七年（宝永四年）には、富士山の大噴火が起こった。さらに、明和（一七六四〜七一）の繁栄が翳ったあとでは浅間山の大噴火があった。文化文政の好景気が終わると京都大地震（一八三〇年＝文政十三年）が起こっている。

第一次大戦の戦争景気が終わって四年、一九二三年（大正十二年）には関東大震災が起こる。平成はじめにバブルが崩壊したあと五年にして阪神・淡路大震災が発生する。

偶然とはいえ、経済文化の下り坂で不運な災害が生じ、景気の下降をより一段と悪くしてしまうのである。

もっとも、今回の東日本大震災の歴史的位置付けは、それとは異なる。日本経済は既に下り坂二十年、その末に来た、より深刻な大事件と見るべきであろう。余談はさておき、歴史の本筋に戻ろう。

4 軍官縦割り組織の強欲——第二の敗戦

一九二八年（昭和三年）の第一回普通選挙の結果は、立憲政友会と立憲民政党の保守二大政党が勢力拮抗、激しい政権争奪戦がはじまる。

まず政権は政友会の田中義一（陸軍大将）総裁が維持したが、翌二九年には満州（中国東北部）で張作霖爆殺事件の責任を問われて辞任、民政党の濱口雄幸《おさち》内閣に代わる。

大蔵省出身の濱口は「財政原理主義者」で、引き締め政策と日本円の金本位回帰に執着、折からはじまった世界大恐慌の中でも敢えてそれを実行した。その結果、たちまち日本は世界大不況に巻き込まれてしまう。

同時に、濱口首相の進めた海軍軍縮は軍人の反感を集めた。野党政友会の中にもこれに便乗、政府与党攻撃に利用する者も出た。そんな批判を真に受けた暴漢に濱口首相は襲われて重傷を負い、その傷が完治する前に死去する。

かくして政権は若槻礼次郎の短い中継ぎ政権を経て、一九三一年（昭和六年）十二月、政友会の犬養毅に渡された。

犬養は生粋の議会人で、翌三二年（昭和七年）二月の第三回の普通選挙でも勝利した。だが、その直後の五月十五日、陸海軍青年将校らに首相官邸で暗殺されてしまう。

「首相官邸に乱入して総理大臣を射殺する」――国家に対してこれほどの大罪はない。ところが、世間には「犬養総理は汚職まみれ、青年将校らが義憤に駆られたのも理解できる。死一等を減ずべし」との風評が拡まり、大手新聞社には百万通もの「助命嘆願書」が集まった。しかし、今日に至るも犬養総理が汚職まみれだという具体的な証拠はない。

昭和初期の議会政治には、政治学者から厳しい批判があるが、私は必ずしもそうは思わない。議会制民主主義とは政治資金集めを含めて与野党が政権争奪をするもので、そうそう恰好よい政策論争だけで済むものではない。

当時の日本人は民主主義に理想を夢見た末に失望した。実はこの時で（犬養総理暗殺）、日本の民主主義は終わったのである。これ以降は議会人から総理大臣が出ることもなく、軍人、官僚、その意に操られた貴族（近衛文麿）の政権が続く。大臣ポストも軍人と官僚が増える。この時から日本は、急激な下り坂に入った。

◎戦争への仕組み――縦割り軍人官僚の天下

大正デモクラシーは、第一次大戦後の一九二〇年（大正九年）頃にはじまり、遅くとも一九三二年（昭和七年）の犬養総理暗殺で終わった。約十年の短い寿命、小さな動きであった。それに代わったのは軍人官僚の政治（国家指導）である。これこそ太平洋戦争の敗北、つまり、近代日本を第二の敗戦に導く仕組みだった。

昭和に入って国政を握る軍人や官僚は、明治の軍人官僚とはまったく異なる人種であり、違った組織を形成していた。「昭和論」や「先の戦争」については、数多くの評論、史書、小説が書かれているが、この点はあまり強調されていない。

明治の官僚や軍人は、維新の動乱を経て地位を得た者、またはそれに任命された者たちが主であった。従ってそこには薩長をはじめとする藩閥（地域閥）があり、個人的人脈もあった。その反面、各組織を超えた親近感や情報交換があった。組織は流動的で人事交流も盛んだった。西郷隆盛の弟従道《つぐみち》のように陸軍中将から海軍大将に栄進する者もいた。

文官人事はもっと流動的で、組織も変化した。官僚から民間企業や学界に入る者も多かったし、軍や官僚出身者が政治家になることも多かった。

民間でも、三井、三菱、住友などの財閥本社は人材養成機関の様相を呈していた。ここから多くの人材が各方面に巣立った。

一般勤労者も勤め先を変わることが多かった。一九四〇年までは、日本の労働者横転率（同じ職種で勤め先を変える率）が世界一高かった。勤労者の一企業に勤める期間の平均は、三年余だったという。「終身雇用は日本の伝統」などというのは、全くの誤りである。

ところが、大正デモクラシーが終わった昭和初期に国政の権力を握り出した軍人や官僚は、明治の軍人官僚とは全く別の種族だった。特に軍人の場合、若くして陸軍大学校（一八八三年＝明治十六年開校）、海軍大学校（一八八八年＝明治二十一年開校）を卒業した軍事専門教育を受けたエリート軍人が主流になる。

彼らは、陸軍または海軍ではエリートだが、陸軍または海軍以外では出世の道のない「閉ざされた人事」に囲われた人々である。

文官の方も、一九二五年（大正十四年）に農商務省が農林省と商工省に分かれた頃から、省庁組織の固定化が進み人事の囲い込みがはじまる。

陸軍大学校を出れば、陸軍部内では排他的な出世コースに乗る一方、陸軍以外では出世の道はない。そんな人間集団が、どんな心理でどんな行動をするか、昭和初期の陸軍軍人の思考と行動がよく示している。その恐ろしさに、日本国民は無知無関心であり過ぎた。

◎組織の正義――軍人は「軍」のために働く

太平洋戦争末期（一九四五年＝昭和二十年はじめ）、私は小学校（当時は国民学校）三年生だった。私の通っていた学校は大阪偕行社、陸軍の付属小学校のようなところで校長は退役陸軍少将だった。

その頃、巷《ちまた》には「一億玉砕」の標語が満ち出した。偕行社でも教師が連日のようにそれを叫ぶ。だが、私はそれに疑問を感じて質問した。

「日本国民全部が戦死したら、日本の負けではないですか」と。

途端に拳骨が飛んで来て私は何度も殴打された。

「卑怯者、全国民が軍の指導下で死ぬのだ。お前一人生き残りたいのか」というのである。

この時期、悪人でも阿呆でもない軍人が、真剣に「一億玉砕」を叫んでいた。全国民を死に追いやるほど反国民的反国家的行為はない。それに軍人たちは（多くの文官も）気付かなくなっていたらしい。その背景には、陸軍の組織権力優先の組織倫理の発想があった。

司馬遼太郎も、山本七平も、自らの軍隊経験から、「軍は軍を守るのであって、国民を守るのではない」と喝破している。このことは、戦争末期に突然生じたのではない。陸軍や海軍でしか出世する道のない職業軍人が組織化され、非軍人の指揮監督（シビリアン・コントロール）なしに行動し出した時からはじまっていたのである。

日清・日露の頃はもちろん、大正時代までは陸海軍の組織はゆるやかで、人事の出入りもあった。軍人も官僚も、それぞれの組織に閉じ籠もらず、日本、さらには世界を見る余裕があった。

第一次大戦の結果、明治日本が模範としたドイツ帝国が敗れると、日本も勝利者に学ぼうとして民主主義の方に少し進んだ。前述の大正デモクラシー現象である。同時に世界に拡がった厭戦ムードで、軍縮に走った。陸軍は師団を減らし、海軍は軍艦建造を中止した。「大正の軍縮」である。

もちろん、師団の縮小や艦船の削減は、軍のポストを減らし、軍人の出世を妨げる。このため、陸海軍の組織内には不満と苛立《いらだ》ちが充満、軍縮を進めた首脳部を憎む感情が燃えさかった。閉鎖組織の中では、組織利益こそ唯一最高の正義と信じられるのである。

ことの「原理」は単純である。人間は誰しも自分の立ち位置から世の中を見る。近いところは大きく重要に見え、遠いところは小さく霞んで見える。その程度は人それぞれの性格や経験、知識の程度によって異なるが、原理的にはみな同じだ。

自分の立ち位置がはっきりしない人や変更を考える人は、いろんなことを思う。職業、家族、地域、宗教など複数の立ち位置を持つ人も、偏狭な組織に捉われ難い。逆にいえば、組織への帰属意識（忠誠心）が薄いのである。

ところが、自分の生涯を一つの職場に定める者は、組織への帰属意識のみ強く、すべてが「職場」という中心からの同心円でしか見えなくなってしまう。

こうした傾向が著しく強かったのが軍人、特に陸軍大学校や海軍大学校を卒業して各地の兵営を転勤、家族も地域も省みないことを良しとする高級軍人である。これに続くのが全国各地の官舎を渡り歩き、警察行政に携わる内務官僚だった。

民間企業の場合は、消費者に買ってもらって利益を得なければならないから、消費者（市場）の注文には応じねばならない。ところが、軍人や官僚にはそれがないから、内志向が徹底する。

高級職業軍人にとって、第一次大戦後の非戦民主化傾向は、忠誠の対象を削り、出世の可能性を減らす非道な行為に思えた。陸軍、海軍以外では出世の道のないエリート軍人は、軍縮を呪い、その推進に手を貸した先輩将校を憎んだ。その現れが「宇垣流産内閣」である。

一九三六年（昭和十一年）二月、二・二六事件が起こる。東京の師団に勤める二十人ほどの下級将校が隷下の部隊を動かして政府顕官を暗殺し、自分たちの推選する軍人内閣を樹立しようと企てたクーデター事件である。

このクーデターは規模も小さかったし同調者も少なかった。それでも陸軍首脳は驚き慌てたが、昭和天皇の断固たる態度で短期間に鎮圧された。大正デモクラシーが終焉して十年を経ずして、大日本帝国陸軍は内部統制さえできないほどに堕落していたのだ。

ところが、この大失態を演じた陸軍が、さらに大きな権限を要求する。「二・二六事件」後に成立した広田弘毅《こうき》内閣は「軍部大臣現役武官制」、つまり「陸軍大臣、海軍大臣は現役の中将または大将でなければならない」という規定を復活したのだ。陸軍または海軍の数十人の中大将が結束して大臣就任を拒めば、内閣を潰せる仕掛けである。

陸軍の将校団はこの権限をすぐに行使した。広田内閣の次に内閣総理大臣の指名を受けたのは宇垣一成。大正軍縮を推進した陸軍大臣、もちろん陸軍大将だが、既に退役していた。陸軍将校団は、軍縮の恨みを忘れず、一致団結して陸軍大臣就任を拒否した。このため、宇垣内閣は成立しなかった。陸軍将校団にとって、天皇の命令も、重臣たちの推選も、組織の大先輩への義理も、自分たちの組織利益を損ねた恨みを打ち消すものではなかった。

◎縦割り官僚支配――「遅れて来た帝国主義国」

日本の第二の敗戦――一九四五年の太平洋戦争での敗因は何か。それは、米・英・中ら世界を敵にして開戦したこと自体にある。経済力でも技術力でも、国際社会における勢力関係でも、格段に違う多数の国を敵にして全面戦争を行えば、負けることは少々の常識があれば分かるはずだ。それを敢えてしたのが敗因といわざるを得ない。

実際、昭和はじめの日本は、「世界三大強国」などといっていたが、その実態は低水準の工業国であり、遅れて来た帝国主義国であった。

まず、国土は狭小で人口は過剰だった。資源は乏しく、技術は未熟だった。産業経済の水準について見れば、国民の半分が農林水産などの一次産業に従事、第二次産業では、生糸と綿紡績などは世界的水準に達していたが、重化学工業は小規模な発展途上にあった。特に重要なことは、第一次大戦後に世界に拡まった規格大量生産が定着していなかったことだ。自動車、電機製品、光学機器から小火器に至るまで、生産量は少なく品質も不揃いだった。海軍艦艇や戦闘機の分野では、優れた製品もあったが、それとて使用者の専門軍人と製造工場の技師との馴れ合いで練り上げられた特殊品で、汎用性のある製品ではなかった。要するに、昭和十年代の日本の経済水準は、工業社会初期（規格大量生産以前）の段階でしかなかったのである。

国際社会における立場という観点から見れば、この時代の日本は「遅れて来た帝国主義国」である。

現在も日本には、韓国や中国などで「日本帝国主義」に対する批判が特に厳しいことに対して、「欧米諸国も同じことをやっていたではないか、なぜ日本だけが」と不満をもらす者もいる。だが、日本には欧米以上に非難される二つの理由がある。

その第一は、欧米は近代文明の発祥地であり、アジア諸国に対しても、自ら生み出した近代文明を紹介することができた。近代文明は、物量の豊かさでも、軍事力の強さでも優れている。その点では、アジアの人々にも説得力があった。その限りでは、十九世紀の西欧帝国主義には、近代文明の普及の点で一定の効果が認められる。

これに比べて日本は、十九世紀末（明治）になってから西欧近代文明を学んだ新興国であり、アジア諸国に教えるのはすべて西欧の受け売りだった。アジアの人々にとっては、受け売りよりも本物の方がよい。つまり、日本帝国主義は領土、市場、資源を奪うだけで、拡めるべき独自文明を持たなかった。

これに焦った日本の官僚軍人は、「八紘一宇《はっこういちう》」や日本神道など主観的文化を持ち込んだ。これでは、アジアの人々の怒りと蔑みを招いたのも当然だろう。

第二の問題はタイミング。欧米諸国が植民地獲得に熱中したのは二十世紀はじめまで。この時期のアジアには遊牧民支配の巨大帝国が並んでいた。トルコ帝国、インドのムガール帝国、中国の清朝などだ。西欧諸国が帝国主義的侵略を進めた時点では、遊牧民の征服王制への攻撃ないしは干渉の色彩があり、現地の人民大衆にはまだしも許されるところがあった。

ところが、日本が植民地支配を拡げようとしたのは二十世紀に入ってから。特に第一次世界大戦前後からである。その頃、アジア諸国では騎馬民族の征服王朝は衰亡、それぞれの国には大衆の愛国心が生まれ出していた。

そんなタイミングで日本は、独自文明の乏しい受け売り帝国主義を担いで乗り込んだのである。日本帝国主義が、欧米のそれ以上に厳しく、非難されたのも不思議ではない。

要するに、日本は「遅れて来た帝国主義国」だった。これでは、いかに「大東亜共栄圏」を叫んでみても、世界に友好国が拡がることはあり得ない。

日本は、経済的には低水準の工業社会、国際政治の点では孤立無援の「後発帝国主義」といった状態で、世界を敵にする戦争に突入したのである。

◎「縦割り官僚主義」が突っ走る

以上のような太平洋戦争前の日本の状態は、決して秘密にされていたわけではない。国際的な生産や貿易の統計は発表されていたし、アジアの歴史や諸国の状態も報告されていた。だが、それを正確に読み取る者が、この国には少なかった。軍部官僚や内外務官僚の粉飾を凝らした情報の前に、地味な数計に基づく言論は打ち消されたのである。

では、軍部や内外務の官僚たちは、なぜ敢えて戦争へと突っ走ったのか。それこそが、前述の組織利益優先の結果である。

軍部官僚（いわゆる軍部）たちは、何よりも軍部の発展拡大を第一と考える。そうでなければ、軍内部の出世はもちろん、組織内での居心地も悪い。陸軍大学校や海軍大学校を出たエリート軍人とて、他に転職して栄進する見込みが乏しいとなれば、組織に同化し、組織の利益を図らなければならない。そんな立場に置かれた人間が集まって語らえば、組織の利益になることが国家の利益に見え、世界の正義に思えてしまう。それに反すれば、軍官僚の組織では落ちこぼれ、やがては不名誉な退職を強いられる。

「自分には私利私欲など全くない。ただ、日本に忠義であるためには軍の中で発言力と権限ある地位を得、人脈を拡げて仲間を集めねばならない。それには、何よりも軍の権限と予算を拡大することに努める。それこそが国家国民に奉仕する道である」

今日の国会議員がいう「当選第一主義」に似たことが、陸海軍の高級将校に拡まっていたのである。

◎年功序列と仲間内の評判

昔も今も、「縦割り組織」の本質は変わらない。他に転職できない終身雇用型の縦割り組織では、その組織の発展拡大と組織に属する構成員の幸せが最優先される。

では、構成員の幸せとは何か。第一は内部競争がないこと、第二は組織の規模、権限、人数（部下）が拡大することだ。内部競争をなくすためには、外部からの登用をなくすと同時に、構成員相互の競争をなくす必要がある。

昭和の軍人は、外部（軍学校卒業者以外）の幹部登用を完全に遮断していた。陸軍でも海軍でも、軍大学校卒業者以外の者には奨励的な高位がごく少数与えられていたに過ぎない。そんな地位に就くのは、大抵上司へのゴマ擂り上手で独創性の乏しい協調主義者である。

次に、内部、陸海軍大学校卒業者同士の競争をなくすためには、誰にでも分かり易く、変えようのない尺度を用いるに限る。最も分かり易くて絶対に変えようのないもの、それは年齢、この場合なら学校卒業年次や入省年次、つまり年功序列である。

硬直化した組織では必ず年功序列制が採られている。年次を飛ばしての抜擢や飛び級は絶対に許されない。逆にそんな仕掛けができているところでは、組織の硬直化と役職の身分化が進んでいる、と見て間違いない。

昭和の陸海軍は、それが著しい。陸軍の場合は主として陸軍大学校の、海軍の場合はその前段階の海軍兵学校の卒業年次が最重視された。

では、同じ年度の入省者が何人も居る場合はどうして選ぶか。それは「仲間内の評判」である。仲間内のみの評判で出世が決まるとすれば、誰しも仲間のために励む。国のためや世人のためよりも仲間のため、つまり組織の安泰と拡大強化のためにこそ働くはずである。

昭和の軍務官僚は「政治や藩閥の介入を許さぬため」との名目の下に、仲間評価体制を強化して行く。この結果、「軍のためのみに働く軍人集団」、いわゆる「軍閥」ができ上がった。

◎軍は「敵」を増やしていた

では、もう一つの目的、組織の拡大強化のためには何をしたか。ひと言でいえば「敵を増やす」ことである。

昭和の陸軍は、アジア大陸に進出、次々と敵を増やした。まず日露戦争で獲得した遼東半島に基地を設けて駐屯（関東軍）し、日本の権益となった満州鉄道の守備に就く。だが、それだけでは大正軍縮の圧力から抜けられないと見ると、当時中国東北地方（満州）を支配していた軍閥に挑戦、その領袖の張作霖を爆殺してしまう。

さらに、「満州帝国」なるものをデッチ上げると、次なる敵を求めて中国北部やモンゴルに侵入、閻錫山《えんしゃくざん》ら山西軍閥を敵にし、ソ連・モンゴル連合軍と戦う（ノモンハン事件）。次には中国中部で蔣介石政権をも敵にした。

一九三七年（昭和十二年）にはじまった日中戦争は日本国にとって大きな負担だったが、陸軍にはまだ足りなかった。やがてフランス領インドシナ（現・ベトナム）北部に侵攻、さらにはその南部にまで占領地を拡げる。

陸軍幹部は、こうした戦線拡大の理由を「満蒙はわが生命線」といい、「中国の侮日的態度への膺懲《ようちょう》」などといっていたが、いずれも戦線拡大のための口実に過ぎない。

一九三〇年代の陸軍幹部は、専ら自らの組織の拡大強化のために「敵」を増やしていた。そしてその究極がアメリカ、イギリスなどを敵にした太平洋戦争である。

もちろん、当時のアメリカやイギリスが国際的な正義であったわけでも、アジアで善政を敷いていたわけでもない。戦争に至った非は双方にあるだろう。だがそのことで、「負ける」

と予測できた戦争をはじめた罪が軽減されるわけではない。

◎組織のために「負け戦」にも応じる

日本国民は、陸軍の組織優先主義に気付かなかった。陸軍軍人自身さえほとんど気付いていなかったであろう。組織の中に入って組織の論理に呑み込まれた人は、自分たちの主張している正義を疑えなくなるのである。

戦前の陸軍の組織体質は、戦後厳しく追及されたが、海軍とて褒められたものではない。海軍もまた、組織の温存強化のために、敗戦承知の戦争にのめり込んでしまう。

一九四〇年(昭和十五年)頃、日独伊三国同盟が話題になり出した頃、海軍大臣の米内光政はこれに反対、「日本海軍は米英二大海軍国を敵にしては勝てない」と閣議の席でも明言したという。米内ならずとも、分かっていたことであろう。

ところがそれから僅《わず》か一年余、四一年九月、東条英機陸軍大臣が対米戦争を主張した時、海軍首脳はこれに断固反対しなかった。その最大の理由は、「ここで戦えない」といえば海軍の面目が潰れ、予算でも鉄鋼などの資材の配分でも決定的に不利になる、という点にあったらしい。日本海軍は、組織の維持拡大のために、敢えて負けると分かっている戦争に突入した、といわざるを得ない。

当時の陸軍や海軍の首脳部に限って、阿呆だったわけでも悪人だったわけでもない。むしろ軍に忠実な真面目な人物が多かった。だからこそ、組織のために忠実に思考し行動して、この国を亡ぼしたのである。

日本の第二の敗戦、太平洋戦争での敗因は、軍官の組織の硬直化、つまり高級軍人や官僚たちの組織と思考の硬直化と、地位の身分化にあった、といえる。

もっとも、敗戦の責任は軍人軍部にのみあるのではない。文官官僚、とりわけ当時の官僚機構で中枢を占めた内部官僚の罪も軽くはない。一九三七年（昭和十二年）日中戦争がはじまった当初、駐中国ドイツ大使の仲介で、蔣介石政権との間に和平交渉が進められていた。

この交渉はかなり進み、一時は陸海軍も和睦に傾いた。これに断固反対したのは内務大臣、「こんな条件で妥協したのでは国内の反対運動が高まり、治安の維持が難しい」と主張したのである。

この時の総理近衛文麿は長身の貴族で国民的人気があったが、勇気と洞察力に欠けていた。内務官僚の主張に押されて交渉を打ち切り、「蔣介石（国民党）政権を相手にせず」と宣言してしまう。警察と地方行政を担当した内務官僚もまた、自らの組織のために、敗戦への道を歩んだのである。

5 廃墟からの再起——戦後日本のコンセプト

太平洋戦争がはじまった一九四一年(昭和十六年)十二月、私は六歳、小学校に入る直前だった。

太平洋戦争の開戦を伝えるラジオのニュースは、大阪市東区(現・中央区)の自宅の二階寝室で聞いた。その日、大人たちが酷く高揚した気分で話し合っていたのを憶えている。決して暗い気分ではなかった。

戦争のはじめの一年ほどは戦勝気分に沸き返った。シンガポールの陥落やフィリピンの占領の度に新聞には大見出しが出た。私は、前述した陸軍の付属小学校のような存在だった大阪偕行社に入学、退役陸軍少将の校長から毎日訓辞を聞いた。

この学校では、路上で将校に出会うと敬礼をするよう生徒たちに教えていた。私もそれを厳行した。通学路には陸軍の第八連隊と第三十七連隊の兵営があり、師団司令部も近かった。

当時の軍人の社会的評価を考えると、それも珍妙なことではなかった。昭和十年代には、軍人は全国民から畏敬の念を抱かれていたのである。

◎昭和十年代の軍人文化

昭和十年代、日本の軍人文化は最高潮に達した。軍人は、軍の組織によって権限と予算と徴兵権を握っていただけではない。個人としても優れた人間と信じられていた。

一九三二年（昭和七年）の犬養総理大臣暗殺以降敗戦までに、十一人が総理大臣になったが、うち四人は陸軍軍人、四人は海軍軍人、それ以外は外務、司法の官僚が各一人と貴族の近衛文麿である。議会政治家を排除して、専ら軍人に国政を委ねたのだ。

それだけではない。ある時には、文部大臣にも商工大臣にも東京大学の総長にも、アメリカやドイツに駐在する大使にも軍人が就いた。

競馬事業や相撲協会の会長にも退役軍人が就いた。そうすると、天皇杯が授与される。「偉い軍人が会長になるぐらいなら、天皇杯に値する団体だ」と思われたのである。

では、どうしてそれほどに軍人が尊敬されたのか。その理由は三つある。

第一は、当時、各町村で身体強健学力優秀な少年たちは、こぞって陸軍幼年学校や海軍兵学校に入った。その中の優秀者が陸軍大学校や海軍大学校に進む。それほどに選び抜かれた高級軍人は偉いに違いない、と考えられた。つまり試験信奉である。

第二は、軍の幹部は日清・日露の戦争に勝った「強かった日本軍」の後継者だから、今の軍人も偉いに違いない、という「先祖崇拝」である。

そして第三は、「月月火水木金金」といわれた休みない鍛練や軍人特有の姿勢、言語、服装による恰好良さ、つまり様式美である。

太平洋戦争がはじまっても、日本国民のほとんどは「偉い軍人たちがはじめた戦争だから負けるはずがない」と信じていた。もちろん、「アメリカ大陸に上陸してワシントンを占領できる」などとは思っていなかったが、アメリカ、イギリスをアジアから駆逐するぐらいはできそうに思えた。太平洋戦争当時も「軍人文化」は揺るぎなかったのである。

◎軍人文化の消滅——そして敗戦

ところが、一九四四年（昭和十九年）になると、ラジオでは連日軍艦マーチで「大本営発表」の大戦果が報じられたが、戦線は確実に日本に近付いて来た。

「ひょっとしたら日本は負けているのではないか」——そう考える者も現れた。それでもなお、「偉い軍人が何とかするだろう」という期待は強く、国民は物資不足にも軍事工場への徴用にも耐えていた。

ところが、この年（一九四四年）の暮れからB29爆撃機が日本本土にも来襲するようになる。それが大阪砲兵工廠《こうしょう》に落とす爆弾の響きが、私の寝ていた部屋にも伝わった。

そんな中で、「隣組」での防空訓練、バケツリレーで水を掛ける競技が行われたりした。

物資の不足も著しくなり、食料不足にも見舞われた。それでも、まだ軍人に対する信頼は厚く、大日本帝国の不敗を信じる者が多かった。

ところが――私の個人的体験だが――この年の暮れ、それが終わった。大阪では、陸軍将校への尊敬が急に失われたのである。私がそれを実感したのは、偕行社小学校（当時は国民学校）の教え通り、道路で将校に出会うと敬礼していたが、それを笑いからかう大人たちが現れた時だ。

私は突然の変化に大いに戸惑った。翌年二月頃には、あからさまに「兵隊はアホや」という声さえ聞こえ出した。恐らくこの頃の大阪の街では「軍人文化」が信じられなくなっていたのだろう。大阪の中心部が空襲によって焼失したのはその年（一九四五年＝昭和二十年）三月十四日だが、それよりも前に軍人文化は失われていたのだ。

全国的にそうだったかは分からない。恐らく多少の時間差はあっても同じだったろう。だからこそ日本は、連合国に降伏した時、これに反対して決起する者がいなかった。

降伏から間もなく陸海軍の解散が伝えられると、各兵営では軍の物資を持てるだけ持って出る将校たちが続出した。私が疎開していた奈良県南葛城郡（現・御所市）の農村にも沢山の荷物を背負って帰って来た除隊将校が何人もいた。軍への忠誠心は既に消えていたのだ。

◎古い日本のすべてを潰したGHQ

太平洋戦争に敗れた日本は、惨めだった。三百万人余の人々が戦死し、五百万人もの在外邦人が無一文で帰国せねばならなかった。ほとんどの都市は焼け野原になり、物資は欠乏し、食糧は絶対的に不足していた。産業設備は無に帰し、原始的な手工業が復活した。私が疎開していた奈良県南葛城郡でも、明治の手織り機で布を織る老女がいたし、乗り合い馬車も登場した。産業経済は最貧国、国家機構はバラバラ、治安も衛生も最悪だった。

日本は、そんな状態から第二の国造りに立ち上がる。そしてそれから約五十年、一九九〇年頃まで成長と発展を続けた。その結果、八〇年代末には「工業社会の理想像」「近代の天国」ともいえる素晴らしい国を創り上げるのである。それは、「明治の建国」を上回る凄まじいことであった。

こんなことができたのは日本が、過去の日本、明治憲法下に創られた「大日本帝国」を再現しようとしなかったからだ。

硬直人事に陥っていた陸軍と海軍は解散、その痕跡も留めなかった。陸海軍の高級将校の中には、「灰塵《かいじん》と帰した国土と結束を失った国民をまとめ、治安と物資流通を保つためには、軍の組織と人材を使わねばならぬ」などと主張した者もいたらしいが、若手将校も兵士たちもすでに解散していた。

大日本帝国を支えたもう一つの組織である内務官僚は、「治安と統制が大事な今こそわれわれの出番」と張り切っていた。

内務省は一八七三年（明治六年）に設置されて以来、中央集権国家の警察と地方行政のすべてを牛耳って来た大官庁である。一九三八年（昭和十三年）に厚生省（現・厚生労働省）が分離するまでは医療、福祉、労働の行政も担当、国家総動員法（一九三八年＝昭和十三年制定）の下で労働力の徴用にも働いた。一九四八年（昭和二十三年）建設省が独立するまでは、その前身の建設院も内務省の一部だった。

それだけに内務官僚の中には、「陸軍海軍が解散したこれからは、われわれ内務官僚だけが国の基盤」と考える者もいた。鈴木俊一（元東京都知事）や後藤田正晴（元官房長官）らは、敗戦直後の内務官僚の雰囲気を後々もよく語ったものだ。

実際、戦後の治安と国家の統一は危うかった。犯罪は多かったし、国論は分裂していた。一九四七年一月には全国労働組合連合会がゼネストを準備したこともある。

ところが、日本を占領した「連合国軍最高司令部（ＧＨＱ）」は、一九四六年（昭和二十一年）に戦争放棄の平和憲法を定め、旧日本政府幹部を公職追放に処した。翌四七年には、内務省の解散を命令した。地方自治を尊ぶ民主国家とするため、すべての点で「大日本帝国」の残渣《ざんさ》を拭ったのである。

「これでは行政経験のある者がいなくなり、日本国家の運営ができない」「治安も物資統制もできない」「徴税や予算編成はどうするのか」、霞が関の官僚たちは騒然だったという。内務省でも「これまでの言論統制や強制連行などのやり方さえ止めればよい。内務省の組織と経験は絶対必要。占領軍に再考させよう」などと騒ぐ者が多かった。だが、GHQの意思が固いと知ると、追放を免れた者はみな大人しくその命令に従った。内務官僚は分割された職場に就いた。各地の自治体（都道府県）や警察庁、建設省、厚生省、労働省、小さな調整機関になった自治庁などの職に就いた。

明治維新においても、維新政府には行財政や外交の経験者はほとんどいなかった。幕府の勘定奉行小栗忠順《ただまさ》や外国奉行の川路《かわじ》聖謨《としあきら》らは、この点を強調している。「未経験の薩長の奴等に何ができるか」といい続けた。だが、小栗や川路は新政府に役立つこともなく果ててしまう。改革は「受け皿」を用意してから出発するものではない。まず、前時代の文化を否定することではじまるのだ。

太平洋戦争の敗戦の時も、陸海軍や内務省が解散し、政治家や高級官僚のほとんどが公職追放になった。それでも国家は見事に再建された。いや、古い大日本帝国を再建しようとしなかったからこそ、日本は真新《まっさら》な国として近代工業社会へと突進できたのである。

第2章　「戦後日本」の繁栄

太平洋戦争に敗れた日本は、ほとんど「無」から出発した。それは単に、家屋や工場や公共施設などのハードウェアが破壊されていただけではない。帝国陸海軍の軍事組織はもちろん、大日本帝国を統治して来た内務省をはじめとする統治機構も損なわれていた。民間の企業も、施設が毀《こわ》れた上、財閥の解体や幹部の追放で半ば壊滅状態だった。

それ以上に厳しかったのは、精神的な打撃である。これまでに日本国民が信じて来た国家の正義や人間としての倫理が否定されてしまった。国家の指導に忠実に従った人々は、目指すべき正義の喪失に戸惑った。いや、大抵の人々は、そんなことを考えるよりも、今日を生きるための食糧の買い出しやトタン屋根の補修に精力を使い果たしていた。恐らく敗戦から二、三年の間は、日本の政府も企業も、経営者も国民大衆も、この国のあり方などを考えられない状態だっただろう。

それでも日本には少しだけ幸運があった。

その一つは、国土と国民の主要な部分がアメリカ一国の占領下に置かれ、国家と民族の分裂が生じなかったことだ。

もう一つは、占領したアメリカが世界一豊かな国で、飢餓状態に陥った日本に物質的な援助をしてくれたことだ。このため日本人の多くは、アメリカ占領軍の主張する国家方針＝民主主義と非武装平和を、すんなりと信じることができた。

そしてその背景には、日本にとっての三つ目の幸運、世界の冷戦構造の発生があった。太平洋戦争を含む第二次世界大戦が終わると同時に、二大戦勝国のアメリカとソ連は対立、互いに同盟国を募った。そんな中で、日本列島は重要な戦略的位置を占めていたので、アメリカとしても大切に保つ必要があった。アメリカが気前よく敗戦国日本に物資援助を与えたのにも、アメリカ自身の世界戦略が絡んでいたからである。

冷戦は、一九五〇年六月に至って南北朝鮮（大韓民国と朝鮮民主主義人民共和国）が戦う朝鮮戦争を生んだ。その結果、多額の戦争特需が日本に落ちることになった。敗戦後の財政破綻で悪性インフレに苦しんでいた日本にとって、これが経済再建の援《たす》けになった。

その中で、日本の政治も方向性を見出し、アメリカを中心とする西側諸国と講和条約を締結する。国際情勢が日本の進路を決めたのである。

第一の敗戦―幕末維新と、第二の敗戦―太平洋戦争の敗戦とを時系列に並べてみれば、かなり似た構図が見える（第1表）。やや強引な歴史比較だが、「第三の敗戦」を迎えたこれからの日本を考える参考になるだろう。

いずれの場合も、外国との対立を起こしてから約十年で世界に挑戦、翌年からは実力の差を見せつけられて敗退、四、五年後には全面降伏状態で体制変改に入る。明治維新では徳川幕府の消滅であり、太平洋戦争では無条件降伏、陸海軍の解散である。

そして翌年からは国家体制の刷新をはじめ、四、五年後には基本方針を確立した。明治維新の場合は、岩倉遣外使節団の帰国によって「ドイツ帝国を模範とした啓蒙君主国を目指す」方針を決定、西郷隆盛や江藤新平の征韓論は退けられた。

太平洋戦争後は「サンフランシスコ講和条約」によって西側陣営に参加し、経済大国を目指すことになる。

だが、いずれの場合も、その方針になお疑問を持つ勢力があった。それが安定的に確立したのは、明治においては西南戦争、戦後では「五五年体制」の実現である。どちらも体制の大変改から十年を経た時である。

第1表　幕末維新と太平洋戦争後の時系列比較

第1の敗戦（幕末維新）		第2の敗戦（太平洋戦争敗北）
黒船出現 1853	外国との対立	1936 軍縮条約脱退 1937 日中戦争はじまる
生麦事件 1862 下関外国船砲撃 1863	世界への挑戦	1941 太平洋戦争宣戦
薩英戦争 1863 下関四国艦隊砲撃 1864 鳥羽伏見の戦い 1868	軍事的敗退はじまる	1942 ミッドウェー海戦 1943 ガダルカナル島の戦い敗北
江戸開城 1868 箱館戦争 1868	国家大改革（好き好き開国へ）	1945 敗戦（降伏）（アメリカ占領下へ） 1946 新円発行
版籍奉還 1869 廃藩置県 1871 新貨条例の発布 1871	国家改造	1946 日本国憲法発布 1946 旧幹部公職追放 1947 内務省解体
岩倉遣外使節団帰国 1873 西南戦争 1877	国家方針の決定	1950 朝鮮戦争 1951 サンフランシスコ講和条約
明治政権方針確立	国是の確立	1955「55年体制」の樹立

[1]戦後日本の正体――成功の仕掛けを解く

太平洋戦争敗北から立ち直り、「近代工業社会の天国」といえるまでに成長し繁栄した戦後の日本。それがどんなきもち（倫理）とかたち（構造）を持っていたのかを、正確かつ簡明に知ることは、日本の現在の国難と将来の目標を認識するためにも重要である。

まずここでは、戦後日本の正体、その成長と繁栄をもたらした倫理と構造を検証しておこう。

太平洋戦争で完敗した日本は、古い日本、つまり「大日本帝国」のすべてを捨てて、全く新しい国造りに励み出した。その間にも日本人は、この国に絶望することなく、この国の伝統的な風習に従って生活を続けた。その成果が多数の出産と熱心な教育である。

◎「団塊の世代」――日本人は未来を信じていた

太平洋戦争の敗戦から五年間、日本国民は極貧（物資不足）の中にさまよっていた。それは倫理と希望を失った亡国の民にも見えた。

しかし、実はそうではなかった。この間に日本国民は未来の繁栄の基となる二つの偉大なことをしていた。その第一は猛烈な子造り、のちに私が「団塊の世代」と名付ける巨大な人口の塊を作ったのである。

戦争が終わると、戦場や兵舎から多くの若い男性が郷里に戻った。そしてそこで待ち受けていた女性たちと結婚、数多くの子が生まれた。

戦争が終わって兵士が帰郷すると、結婚が増え出生数が増加するのは、どこの国、いつの時代にも見られる現象である。第二次世界大戦後のこの時期には、アメリカやヨーロッパ諸国でも、中国などのアジア諸国でも、同じ現象が見られた。中でも日本は、盛大に出生数を増やした。

敗戦直後の一九四七年から五一年までの五年間に生まれた新生児は千二百五十三万人、それ以前の五年間に生まれた数よりも約五百十万人（六八パーセント）、そのあとの五年間に生まれた者より三百四十九万人（三八パーセント）も多い。この五年間の日本の出生率は三・七にも達した。しかもそのほとんどが嫡出子、日本的伝統に従って結婚し入籍した結果生まれた子供たちである。

極端な物資不足と戦前からの倫理の崩壊にもかかわらず、日本人のほとんどはこの国の未来に希望を抱き、秩序正しい家庭生活を営もうとしていたのだ。

第二に、敗戦直後の日本を特徴付けたのは子女教育の継続である。敗戦前後の焼け野原でもほとんど途切れることなく初等教育は続いていた。戦災の際にも教科書だけを持って逃げた子供も多い。そのため、日本国民の識字率は、敗戦によっても下がらなかった。

以上の二つは、陸海軍や内務官僚の組織が崩壊しても、日本人の根底にある生活慣習はしっかりしていたことを示している。そしてそれが、二十年後には、近代日本の経済成長を支える根元ともなるのである。

◎戦後日本の国是——成功に導いた二つのコンセプト

敗戦後の五年間に日本が行ったもう一つの大仕事は、この国の歩むべき方向を間違いなく選んだことである。

戦後の日本には、国家の方向と体質を決める二つの大概念、いわゆる国家コンセプトができた。これを「国是」といってもよいだろう。

その第一は、「西側自由主義陣営に属して、経済大国・軍事小国を目指す」という外交コンセプト。

第二は、「官僚主導・業界協調体制によって、規格大量生産の近代工業社会を形成する」という経済社会コンセプトである。

第一の外交コンセプトは、日本がアメリカ軍の占領下にあり、世界に東西冷戦構造ができた状況では、拒みようのないものだった。これに反対して労働組合がゼネストを企てたこともあったが、ＧＨＱ（連合国軍最高司令部）の命令で中止された。たかだか数万人の米兵が街角に立っただけでゼネストが中止になったのは、もともと国民的支持が乏しかったからだろう。

日本政府（吉田茂内閣）は、一九五一年、アメリカなど西側諸国とサンフランシスコ講和条約を結び、西側陣営入りを明確にする。

この時、東京大学総長の南原繁などは、理想主義の立場から西側陣営に加わる講和条約に反対し、ソ連を含む全面講和によって国際的中立を保つべしと主張した。だが、当時の国際情勢では現実的ではなかった。日本に残されていた選択肢は、講和条約を結んで西側陣営に加わるか、それを拒んで占領下に留まるか、だった。後者を選べば、日本は西側の中で孤立するキューバのような存在になっただろう。

第二のコンセプト、官僚主導の規格大量生産大国は、日本人自身の創作といってよい。これは、アメリカの望むところではなかったかも知れない。

アメリカは自由主義市場経済を国是とする国である。もちろん、現実は理想通りではないが、国是（建て前）としてはそうだ。日本の第二のコンセプト、「官僚主導」はそれに反する。それ故、アメリカは、日本の経済が成長拡大するにつれ、このことに気付いて苦々しく思うようになる。それが時には「日米経済摩擦」として現れた。それでもアメリカがこれを許容したのは、世界に冷戦構造があったからである。

東西対立の冷戦構造下では、日本のような重要な国を東側陣営に追いやるわけには行かない。それ故にアメリカは、これを許容した。それは恰《あたか》もサウジアラビアの絶対王制や南米の軍事政権を許容していたのと同じである。このことに日本人が気付かされるのは、冷戦構造が消滅した一九九〇年代に入ってからである。

◎戦後日本の倫理①――安全

サンフランシスコ講和条約の締結で、日本が二つの国家コンセプトを決定する間に、戦後社会の「倫理」が形成されていた。

徳川幕藩体制が何よりも希求したのは「安定」であった。そのために人々が備えるべき倫理は、協調と様式だった。

明治の維新は社会の目標を「進歩」に替えた。その結果、人々が備えるべき倫理は、忠勇と勤勉に変わった。このことは前章で述べた。

では、太平洋戦争敗戦後はどうだったか。敗戦の廃墟の中で人々が求めたのは、何よりも「豊かさ」である。食い物に窮し、寒さに震え、雨の滴る掘っ建て小屋に住む人々が、衣食住の豊かさを求めたのは当然だろう。日本人は「飢えは恥より苦しい」ことを実感したのである。

実はこの豊かさへの願望が、人々の求める倫理を決定した。まず第一は「安全」である。アメリカ占領軍は、「日本を貧しくしたのは無謀な戦争であり、戦争に全国民を駆り立てた軍人文化である」と説いた。アメリカ自身が豊かだったから、この論理は説得があった。

この結果、日本人は戦争を憎み、武力を否定したばかりか、その背景にある「武人文化」をも消し去ることになる。

この傾向は時と共に深まり、やがてあらゆる社会場面で暴力は否定される。国際社会ばかりか、職場でも家庭でも子供たちの遊びにおいても、暴力は全否定された。一九八〇年代に入ると男気や任俠《にんきょう》の美意識も否定され、「ヤクザ映画」も下火になった。尾崎士郎や火野《ひの》葦《あし》平《へい》の世界は遠くなったのである。

「安全」は暴力否定に留まらない。建築や電気施設などの安全基準は厳しくなり、道路交通法や麻薬取り締まりもきわめて厳格になる。労働基準法に定める健康保護も厳しいし、食品衛生も厳重である。

欧米では、パーティーが終わると余った食品はドギーバッグで持ち帰るのが普通だが、日本では食品衛生上、持ち帰りは禁じられている。個人を信じず、何事も官僚の定める基準に従うようになっているのだ。

一九八〇年代以降の日本は、きわめて清潔で健康的な国になった。日本の安全清潔志向の成果は、「長寿世界一」となって結実した、といえる。

日本の安全志向は、人命人身に留まらず、経済的な危険排除にも及んだ。このため、賭博は禁じられ、公営競技もすたれ出す。パチンコの規制も年々厳しくなり、カジノは未だに認められない。

その上、自由経済では不可欠な金融や商品の先物取引にも厳しい制限が加えられる。この結果、日本の金融市場や商品市場は世界からはるかに遅れてしまった。

貿易や移民の自由化に反対する者は、本音はともかく、表面では必ず「安全性」を口実にする。食糧自給率の向上、日本資本の石油メジャーの育成、外国人労働者の入国制限など、いずれも「安全」を理由にしている。それがこの国では通り易いからだ。

安全志向は、人間の性格や社会の仕組みにもかかわっている。現在は臆病を慎重といい、不決断を合議と呼ぶ時代だ。世にいう「草食系の社会」の出現である。

しかし、のちに述べるように、厳しく見える日本の安全基準だが、九〇年代に入ってからは官僚権限重視の方向に流れ、必ずしも安全を達成するようにはなっていない。今回の災害は、それを明確にした。この国の下り坂の象徴でもある。

◎戦後日本の倫理②——平等

戦後の日本の第二の倫理は「平等」である。これを「教えた」のもアメリカである。

太平洋戦争中のアメリカ人は、日本をよく知らなかったらしい。彼らの日本認識は「極東の中国大陸の東側の小さな島国」であり、日本文化は「中華文化圏の一部（亜流）」と見なしていた。日本学の研究者のほとんどは、中国研究から転向した人々である。

そのせいか、日本を「不平等な封建社会」「武士を頂点とする身分社会」と思い込んでいた。太平洋戦争中の日本軍兵士の示した特攻精神も、「封建的な生命軽視の現れ」と見なしていた。

このためアメリカ占領軍は、日本人の好戦性をなくすためにも、「民主的平等」を強調した。だが、これは大きな誤解だった。日本は古くから比較的平等な国だった。ただその平等の内容は、欧米の近代概念とは異なっていた。

例えば、中央集権的封建制度が確立していた徳川幕藩体制下でも、身分間の流動性はかなり高かった。「忠臣蔵」で有名な赤穂浅野家には、十七世紀末に四人の家老がいたが、血統によってその職にあったのは殿様の縁者の大石内蔵助《くらのすけ》だけで、あとの三人は一代で出世した人々である。城代家老の大野九郎兵衛は、明石付近の農家の出身といわれている。

この国は、上下に切り分けられた格差社会ではなく、職業や所属集団で分割された縦割り社会なのだ。

こうした伝統のある日本に、アメリカ式の「民主的平等」を叩き込んだ。その結果、西欧的な「機会の平等」ではなく、「結果の平等」と「様式の平等」ができ上がった。

一九八〇年代の日本は、世界でも最も生涯所得格差の少ない国だったといえる。財産格差はそれ以上に小さかったであろう。「差別用語の禁止」は厳しく、文字や映像の表現も制限された。やがてこれが終身雇用年功賃金体系と結合し、この国の社会経済に大きな歪みと強《こわ》張《ば》りを生むのである。

◎戦後日本の倫理③――効率

平和と豊かさを社会目標とした戦後日本が求めた第三の倫理は効率である。戦前には効率を無視した勤勉や安全を省みない勇気が賞讃されたが、戦後は大いに変わった。特に一九六〇年以降の高度成長期には、効率が強調されるようになる。

効率こそは、日本人の求める豊かさを生み出す基だ、という認識が拡まる。それ故に、まずは生産現場での生産性の向上が追求された。そのために採られたのが、大型化、大量化、高速化の三つだ。新幹線、五十万トンタンカー、巨大コンビナートは、その象徴である。

戦後の効率追求は、生産現場に留まらない。家庭生活では家事の効率を高める電化製品が普及した。服装は装着に便利な衣服になり、女性もパンツ・ルックが当たり前になった。住宅では規格団地やプレハブ住宅が急増した。

商品流通でも、効率のよい「無言の買い物」が勧められた。小売店よりもスーパーマーケット、スーパーよりコンビニ、そして自動販売機へと変わって行く。その流れの前には、店主の人柄も、店員の商品知識も敵わなかった。

学校教育も規格化され、偏差値一つですべてを測るようになった。大学は大教室になり、入学試験は〇×式になった。すべてが効率第一である。

効率追求は近代工業社会の特色である。そしてその行き着く先は「規格大量生産」である。やがて日本は、世界第一ともいえる規格大量生産大国になる。

2 戦後日本の「三角形」

戦後の日本は、安全、平等、効率の三つを正義とする倫理観を確立した。そのことは誤りではないだろう。ただ問題は、この三つだけが正義と見なされ、他は捨てられたことだ。戦後日本の正義の中には、自由や楽しさは入っていないのである。

正義と正義の対立は「神々の争い」、政治が決定すべき問題である。例えば、安全と効率が対立することがある。自動車の制限速度を低くすれば安全性は高まるが効率は下がる。この選択の中で現在の制限速度が決まり、交通事故死は年間八千人弱に抑えられている。人口十万人当たり年間五・八人は世界的に見て最も低い水準である。

だが、正義と正義でないものが対立すれば、政治問題になるまでもなく行政によって正義でないものは退けられてしまう。日本では、安全と楽しさが対立すれば、道路交通法や消防法、食品衛生法などに基づく行政の判断で、楽しさは抑え込まれてしまう。世界の国々には、ある程度の危険を伴うお祭りやスポーツが珍しくない。アメリカでは「武器携帯の自由」は基本的人権の一つであり、二十一世紀に入ってからはこれに反対する世論もほぼ消滅した。日本人の感覚とは大違いだ。

平等と自由の関係もそうだ。差別用語と見なされれば新聞からも放送からも削られる。平等は正義だが、自由は「あった方がいいもの」に過ぎない。
この結果、日本には独特の社会構造が生まれるのである。

◎官僚主導・業界協調体制

戦後の日本が国家コンセプト（外交コンセプトと経済社会コンセプト）を定め、戦後の倫理（安全、平等、効率）を深化し出した一九五〇年代、この国はなお物資不足、資金不足に喘《あえ》いでいた。物資の配給は広い範囲で行われていたし、官僚による設備投資の割り当ても厳格だった。物資不足の状況では、緊急に必要な分野へ物資と資金を優先するのは止むを得ない統制であったろう。五〇年代には、物資の割り当てをする「物調官（物資調整官）」が通商産業省（現・経済産業省）に何万人もいた。

しかし、日本国民の精勤さと世界の経済情勢に恵まれ、日本の生産力は急回復、私が通産省に入省した一九六〇年には、ほとんどの物資は官庁の調整（配給）を得なくとも市場で購入できるようになっていた。五五年から六〇年にかけて、通産省は何万人もの物調官を解任、企業や業界団体などに天下りさせたのである。

それでも、不足していた外貨（ドル）の割り当てや外国技術の導入、そして何よりも生産設備の拡大には、通産省の許認可が必要だった。官僚の役割は、不足物資の配給から、過剰施設の抑制と過当競争の防止に、つまり供給制限の方に替わったのである。

通産省だけではない。運輸省も建設省も農林省も文部省も、同じことをしていた。そしてその背後には、予算と金融を握る大蔵省（現・財務省）がいた。通産省など各省庁が、「好ましくない」と見なした設備投資には、政府金融機関ばかりか、市中の金融機関にも融資しないように指導していた。官僚機構の支持や援助なしには、民間企業も事業ができない体制ができ上がったのである。

民間企業の側も、これに対応した。主要業界はそれぞれ全国組織（業界団体）を作り、官庁の示す設備投資や資金割り当てを談合によって配分することにした。そうすれば、新規参入者によって競争が激化する恐れもないし、設けた設備が過剰になったり、生産した製品が売れ残ったりする心配もない。官庁の計画通りに生産すれば、官庁の指示通りに売り切れる。しかもその価格は、業界団体の期待する「適正価格＝コスト＋適正利潤」である。

こうして「官僚主導・業界協調体制」が生まれた。ここではすべての既成企業は、現有する規模に按分《あんぶん》した形で設備割り当てを受けて成長、設けた施設は計画通りに稼働し、生産された製品は過不足なく適正価格で売れる。

企業は安定した収益を上げて拡大、従業員の地位は安定し、給与は年々上がる。上がった給与はコストとして、確実に価格に転嫁できる。官僚がコストを適正価格に折り込んでくれるのである。

◎本田宗一郎の反発

こうした既成企業の業界協調体制では、新規参入は認められない。官僚たちは、過当競争を悪として、業界の談合を破る者を「ならず者」と見なした。

この体制のために、多くの有志の事業家がはねのけられた。中でも有名なのはホンダ自動車の創業者、本田宗一郎（一九〇六〜九一）である。

本田は静岡県で自動車修理工場を営んでいたが、戦後自転車にモーターを付けることからはじめて本田技研工業を創業、オートバイの大手になった。

しかし、「四輪車の製造をしたい」という本田の希望は、自動車メーカーの整理統合を目指す通産省の政策と対立、工場建設も銀行融資も阻まれた。それでも本田は、製材業を営んでいた藤沢武夫を常務として資金調達に成功、県市の支持を得て遂に夢を実現、今日の巨大自動車メーカーに発展するのである。

似たような例は、鉄鋼業や繊維産業にもあった。公共事業を請け負う建設業界では入札企業の談合は常態化し、それに従わない企業（経営者）は無法者扱いを受けた。

◎日本式経営――終身雇用・年功賃金と企業内組合

強固な官僚主導は、既成企業には都合がよかった。設備投資の許認可を受ければ、日本復興金融金庫（一九五二年日本開発銀行に継承）などの政府系金融機関から投融資が受けられる。そうなれば民間の銀行なども安心して投融資してくれる。その資金で造った設備は過剰になることなく操業でき、激しい競争もなく全部が「適正価格＝コスト＋適正利潤」で売れる。要するに、官僚の設備許認可さえ獲れば楽々と企業規模を拡大し、利益を上げられる。

ほとんどの企業経営者はこれに満足、業界別の団体を作って談合に励んだ。そしてその談合の結果を官僚たちも受け入れた。戦後の日本の産業政策は、官僚と業界の馴れ合いによる「官僚主導・業界協調体制」だったのである。

こうなると、企業の経営は安定する。しかも時代は戦後の復興成長期、戦災で農山村に疎開した人々が都市の企業に職場を求めていた。それでも農地改革で小さな田畑を得た一家の主人は動き難い。それに代わって、中学卒高校卒の若者層は都市に集まった。少年たちの大集団が祖先伝来の職業を捨て父母と別れて故郷を去り、都市の工場やオフィスに就職した。

彼らは単身者で、賃金は安く、住まいは簡素な社員寮でよかった。その上、彼らは勤勉の習慣と向上心を持っていた。明治以来の教育の普及と勤勉の習慣は敗戦後も変わりなかったのである。

戦災と戦争中の投資不足で、日本のハードウェア（設備）は壊滅的に破壊されたが、国民の教育水準や秩序感覚などのソフトウェア（技能）は衰えていなかった。それだけに、ハードウェアさえ造れば、優良なソフトウェアを持つ労働力が安価で大量に利用できた。「敗戦国」の日本や西ドイツが急成長したのは、破壊されたハードウェア（設備）が、高い水準にあったソフトウェアに追い付く現象だった。これを当時は「キャッチ・アップ効果」と呼んでいた。

こうした状況から、戦後日本特有の経営形態、いわゆる「日本式経営」なるものが確立された（第４図）。官僚主導・業界協調体制が、戦後日本社会を形成する三角形の頂点とすれば、日本式経営は、それを支える底辺の一方をなすものだった。

日本式経営の第一の特色は、終身雇用、年功賃金の雇用慣行である。

故郷と父母を捨てて都市に出て、企業に就職した若者には職場の他に頼るものがない。住まいは職場の寮か社宅、交際範囲は職場の仲間、休暇は会社の福利施設である。

有り難いことに、大抵の企業は潰れないと信じることができた。当然、多くの者は長く職場に留まり安定した生活を求めた。

職場はこれに応える雇用体制を作った。入社から定年まで同じ企業に勤める終身雇用を前提とした年功賃金体系である。

第4図　戦後日本社会を支えた「三角形」

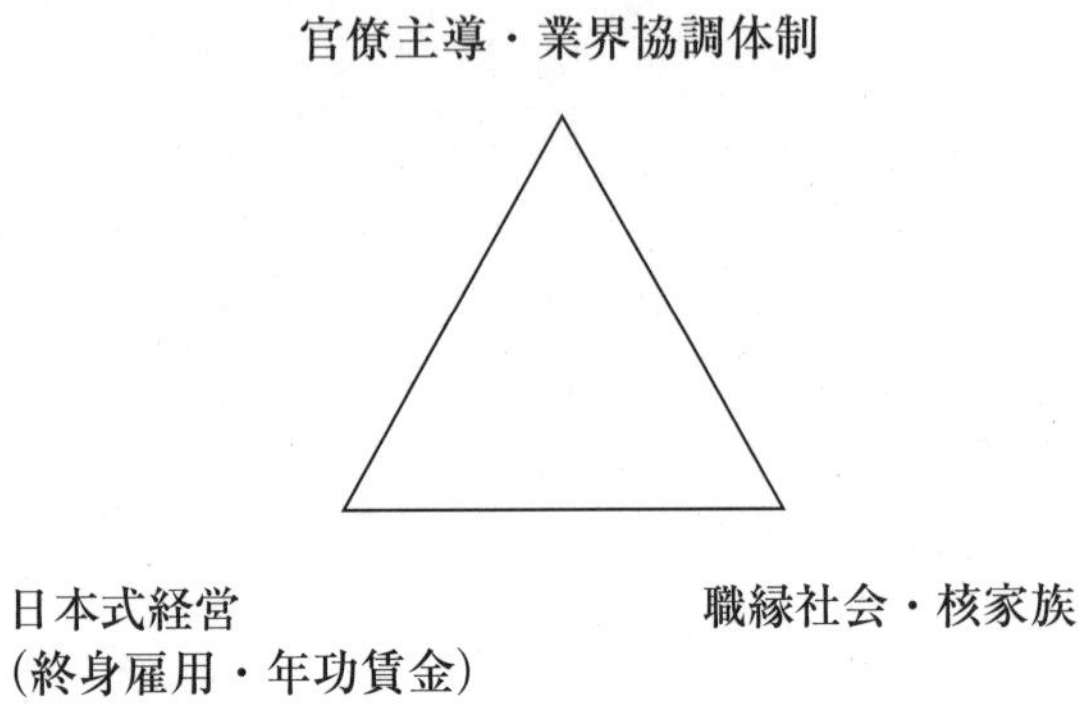

この体系は、成長企業にとっては有利だ。企業規模が拡大し、社員の数が増加する状況では、新入の若者の数は多く古参の中高年の数は少ない。従って、年功賃金では低賃金の若者が多く、高賃金の中高年は少ないから、企業の賃金支払い総額は低くなる。年功賃金は成長企業に有利に、衰退企業には不利な体系なのだ。幸い、戦後の日本は圧倒的に成長企業が多かった。

一方、勤労者の側から見ても有利だ。勤労者は支払い賃金総額には関心がなく、自分一人の生涯賃金だけを考える。それなら、若年期には低賃金で我慢しても、結婚し子を生み育てる頃には高給が得られる年功賃金の方が有り難い。中高年が増える将来は、高給者ばかりになって企業経営は苦しくなるが、一九七〇年代まではそこまで考える者はいなかった。

かくして労使の意見は一致、終身雇用を前提とした年功賃金体系が確立されたのである。年功賃金の恩典に浴するには、長く同じ職場にいなければならない。そのためには、本人が永年勤続の覚悟を決めると共に、職場（企業）が安定して成長してくれなければならない。

そうであれば、企業の従業員はみな「わが社」の成長発展を願う愛社精神に燃える。ここから、日本式の企業内労働組合が一般化した。終身雇用、年功賃金、企業内組合の雇用慣習こそは、戦後の日本式経営の最大の特色であった。

◎戦後型の日本社会——職縁社会・核家族

戦後日本を支える底辺の一方が終身雇用・年功賃金を軸とした戦後型の日本式経営とすれば、底辺のもう一方は職縁社会と核家族で構成された戦後型の日本社会である。

官僚主導・業界協調体制を頂点とした戦後日本では、企業は倒産することなく成長を続け、地方から都市に出て来た従業員は終身雇用・年功賃金に飛び込んだ。

父母の下を去り故郷を捨てた人々は、終身雇用の職場に安住、新たな地域コミュニティも同職の労働組合も作ることはない。職場にのみ帰属する「職縁社会」ができ上がった。

このことは、企業（職場）には好都合だ。職場（企業）の都合で転勤も職種の転向も簡単にできる。

実際、戦後の日本では、官庁や企業の職員は、職場の命じるままに勤務場所を変え、職種を転向した。このお蔭で、企業は周辺環境に応じて事業所を移せたし、技術や設備も変更できた。

真空管ラジオを造っていた作業員が、すぐさまトランジスタに対応できたし、綿紡メーカーが合成樹脂製造に転向できた。日本人にとって大事なのは、「○○会社の社員」であって、職種や勤務地ではない。学校を卒業すると「○○会社に就社」するのであって、「△△職に就職」するのではない。

その一方、職場の命じるままに転勤する人々にとって、大家族は不都合だ。親類一同が集まる行事や相談事のために、職場を欠勤すれば、何よりも大事な職場の仲間から白い目で見られかねない。職場にだけ帰属する人々は、職場の仲間には親切だが、それだけに嫉妬深い。仲間意識と嫉妬はしばしば同根の同居者である。職場にのみ単属する者は、大家族や地域に関わる者を心よく思わぬことが多い。

このため、多くの日本人は、職場以外との縁を絶った。地域コミュニティには関わらず、祖父母や親兄弟との関わりも薄れた。夫婦と未成年の子供だけで暮らす核家族が一般的になったのである。

「職場との縁（職縁）だけで生きる核家族」――それが戦後日本の典型的な家族像である。戦後日本の絶頂期に当たる一九八〇年代には、官僚たちは「夫婦と未成年の子供二人」の家族を「標準家庭」と定義していた。

◎単身赴任――鍵っ子時代

職縁社会・核家族への流れを、官僚主導体制は後押しした。その第一は、嫁姑関係での「嫁の立場」を擁護したことだ。

嫁と姑の関係は、基本的には権限争議だ。一方から見れば夫であり、他方から見れば息子である一人の男性をどのようにするのか、ハンバーグを食べさせるのか焼き魚にするか、赤いネクタイをさせるのか青いのにするのか、双方が自らの好みを通そうとすることから生じる摩擦である。また、一方の子供であり、他方の孫である少年少女をめぐっても、親族や近所付き合いの作法に関しても同じことが生じる。

この争いは、一九七〇年代になると嫁の圧勝に終わった。自動車や家電製品の普及で生活は便利になり、姑が培って来た「暮らしの知恵」は不要になった。大家族や地域コミュニティの消滅で姑から伝授されるべき人間関係もなくなった。姑の知恵と経験は役立たなくなった。これに代わって重要になったのは家電製品の取り扱い方や自動車の運転、そして学習塾と入学試験の知識である。

一時は、「親子はスープの冷めない距離に住むのが良い」といった妥協案も出され、「三世代住宅」が流行した。だが長くは続かなかった。職縁社会を貫くためには「親付き」は不便だ。家庭生活で機能を失った舅と姑は追い出されることになる。

それだけではない。七〇年代も後半に入ると、職場の都合で転勤する人々の多くが、家族と別れて単身赴任するようになる。赴任する夫は「家族のため」「子供のため」と信じているが、「単身赴任は転校転宅よりも教育上の悪影響が大きい」という見方もある。「夫婦は同姓同居を原則とする」という日本社会の本則も、職場重視の経済社会構造によって崩されてしまった。

九〇年代に入ると、夫婦共働きが常態化し、子育てが難しい家庭が増える。もちろん、女性の職場勤務は時代の流れに沿ったことであり、子育てを夫婦で分担するのは当然だろう。同時に、社会もそれに対応して子育て需要に応じるサービスを供給すべきである。

だが、社会の変化に追い付くほど速やかに子育てサービスを供給できた国は少ない。このため、近代工業社会になり出した時期には大抵の国で大幅な出生率の低下を見る。職縁社会の日本は、その典型である。

3 近代工業社会の「天国」

官僚主導・業界協調体制を頂点に、日本式経営と職縁社会・核家族の社会体制とを底辺の基盤とした戦後日本は、規格大量生産型の近代工業国を目指して邁進《まいしん》する。その門出の祝砲となったのが一九七〇年の日本万国博覧会である。

一九六三年八月、二十八歳の通商産業省係長だった私は、万国博覧会の日本開催を提唱し、六年半をかけて実現に成功した。奇蹟的な速さ、そして大きさだった。

この行事のテーマは「人類の進歩と調和」だったが、本当に見せたい行事のコンセプトは「工業社会日本」だった。一九七〇年代頃の日本は、規格大量生産の工業社会を完成させたことを、内外に示したかったのである。

それから二十年、一九八九年まで日本は産業大国の道をひた走り、遂には「近代工業社会の天国」と自讃するまでに発展する。その過程で日本は、三つのサブ・システムを実現する。

①金融系列の企業集団
②没個性型の大量教育
③東京一極集中の地域構造

である。

◎金融系列の長い連なり

一九七〇年三月十五日、日本万国博覧会が開幕した。そこにはアメリカやソ連をはじめとする諸国の展示館と並んで、二十近い民間企業パビリオンが出展していた。中でも目立ったのは、三菱、住友、三井、みどり、芙蓉などの巨大展示館だ。これらは大手銀行を中心とする「金融企業系列」の展示館である。

日本万国博覧会の提唱者でもあり企画担当者であった私は、一九七〇年『万国博と未来戦略』(ダイヤモンド社刊)と題する書物を著し、この巨大行事が企業系列の整理強化に利用できることを示唆した。上記の展示館群は、それを実現したものである。

一九六〇年代、日本経済が官僚主導・業界協調体制で高度成長を続ける間に、物資は豊富になり、技術は進歩し、設備は巨大化した。大型化、大量化、高速化こそ近代工業社会での技術進歩の主要な方向である。

この間、幸いにも世界は資源過剰であり、日本は安価な石油や食糧に恵まれていた。また、農村からの人口流出が続き、安価な労働力も豊富だった。特に六〇年代末からは、敗戦直後に生まれた数多い「団塊の世代」が社会に出たことで、労働供給も消費市場も膨張していた。そんな中では、企業は資金さえ手当てできれば大成長ができた。物価も地価も上昇し、先行投資が確実な利益を上げた。

このため、大抵の企業は主要取引銀行（メーンバンク）を定め、投融資を確実なものにした。銀行の方もメーンバンクになることで、投融資先を確保すると共に、古参行員の天下り先を開こうとした。その結果、大手銀行を核とした企業系列ができたのである。

企業系列には、銀行、信託銀行、保険などの金融機関と並んで、必ず巨大商社が加わっていた。内外での商品取引だけではなく、同系列の企業の投資や海外事業の手伝いもした。

こうして都市銀行と大手商社と巨大メーカー、そしてそのそれぞれの下請け企業や子会社からなる長い企業系列ができ上がっていた。日本万国博覧会へのグループ出展は、各企業に所属する系列を鮮明にさせ、結束強化にも役立ったのである。

この結果、七〇年代の日本には、官僚が指導する横の業界団体と、金融機関や大手商社が率いる縦の企業系列の二重の拘束が入ることになった。企業は、メーンバンクの資金に支えられて発展拡大し、官僚の主導する業界団体に守られて確実な市場を確保できた。

このお蔭で、大抵の企業は、日本万国博覧会の翌年（一九七一年）からはじまった金・ドル交換停止による円レートの上昇にも、万博から三年後の石油ショックではじまった資源価格などの上昇にも揺らぐことはなかった。海外での価格と景気の変動にも、日本国内市場は確《しっか》りと保護されていたからである。

企業が安泰なら、終身雇用で守られた従業員も安心である。抜け駆けや山っ気を起こさずに年功序列に定住する限り、年々の定期昇給で核家族を養い、郊外に住宅を持つ「小さな幸せ」を実現することができた。戦後日本の理想、ジャパニーズ・ドリームである。

それだけに、誰もが職場にしがみつくようになる。欧米の人々から日本的集団主義といわれた現象である。

一九八〇年代までの日本は、成長力に溢《あふ》れた経済大国であった。欧米人の没個性的集団主義批判などは、日本の強さと豊かさへのやっかみと笑い飛ばすことができた。だが、その陰では、下請けや期間工の増加という「足元崩れの現象」が起こっていたのである。

◎教育——規格大量生産に役立つ人作り

戦後日本の二つ目のサブ・システムは人作り、つまり教育である。

一九四一年、日本が太平洋戦争に突入しようとする直前、日本の教育思想が官僚によって決定された。日本人すべてを規格大量生産社会で役立つ人材にしよう、というのである。

「規格大量生産に役立つ人材」とはどんな人間か。それを育てる学校はどうあるべきか。このお手本はドイツのナチス政権が作ったフォルクス・シューレ（国民学校）である。

規格大量生産に役立つためには、第一に協調性に富んでいる必要がある。大勢の人々と共同で働き、摩擦を起こさないのが大事だ。

一九四一年（昭和十六年）からはじまった国民学校では、まず協調性を教えた。そのために一学区一学校の厳格な通学区域を定め、居住地によって入る学校を決めて強制入学制にした。生徒と保護者から学校選択の自由を奪ったのである。また、教科書は国定、教師は国家資格の保有者に限定した。こうすれば、生徒は転校もできず、厭《い》やな教師にも憎い同級生とも付き合う協調性を養うはずだ、というのである。

第二は、辛抱強いことだ。規格大量生産の歯車の一つとして働き続けるのは面白いことではない。それに生涯耐えるためには辛抱強くなければならない。

それを生徒に仕込むために、教師には不得手な科目をより長く教えることを強要した。算数が苦手で体育の得意な生徒には、算数の補習をするのである。

人間は下手なものは嫌いだ。学校では嫌いな時間が延び、好きな時間が減る。そんな厭やな学校に、休まず遅れず通学すること、それこそが辛抱強さを養う国民学校教育である。現在のアメリカやヨーロッパで一般的な「得手を伸ばす教育」とは正反対だ。

第三は、共通の知識と技能を教えることだ。読み書き計算をはじめ、社会科や地理、科学などの知識、工作や絵画から機具の扱いなどの技術を教える。そうしておけば大量生産の職場ではすぐに役立つし、日常生活でも戸惑うことなく規格品の消費者になる。

そして第四に重要なことは、個性と独創性のないことである。規格大量生産の場においてはもちろん、消費者としても個性や独創性を出されたのでは迷惑である。国（官僚）が決めた規格品に満足し、その量的豊かさを喜ぶ人間こそが「期待される人間像」だ。

このため、戦後、とりわけ七〇年から八〇年代にかけての教育では個性と独創性を嫌った。服装や髪型でも個性的な者は「不良」と呼ばれた。独創的なやり方は「我流」と呼んで蔑まれた。何よりも、教科書と教師の言葉に反した個性や独創性を発揮したのでは、大学入試で振り落とされた。決まった正解以外を答えた者はみな落第である。

こうした没個性化教育で選ばれたエリートが、一流高校から一流大学に進み、中央官庁や大企業などの一流職場に入った。そんな人々が主導したのが八〇年代以降の日本である。

もちろん、日本に優れた個性や独創性を持つ人材がいなかったわけではない。だが、多くは教育の段階で落ちこぼれ、一流大学にも一流の職場にも入れなかった。そんな優秀な個性が生み育てたのが大衆音楽やアニメ、ゲームソフトなどの新文化だ。日本がアニメやゲームソフトで断然優れていたのは、ここに優秀な個性と独創性が多く集まったからである。

◎「頭」は東京、地方は「手足」

戦後日本の三つ目の重大なサブ・システムは、東京一極集中の地域構造である。

一九四一年頃、当時の政府は全国の頭脳機能を東京一極に集中することを決定した。それが経済統制にも情報管理にも役立つと考えたのである。

では、国の頭脳機能とは何か。当時の「革新官僚」といわれた連中は三つを選んだ。①産業経済の中枢管理機能、②情報発信機能、③文化創造活動、この三つは東京都で行う、と決めたのである。しかし、現実には、新たな建造物を建てる余裕もなく、やがてはアメリカ軍の空襲で日本全国が焦土と化してしまう。

ところが、戦時体制下の東京一極集中政策が、戦後も継承拡大される。官僚主導と業界協調体制に、そしてのちには規格大量生産の形式に利用できたからである。

では、東京一極集中のためにどんな手法が用いられたのか。

まず、産業経済の中枢管理機能の東京集中のためには、各業界に全国団体が作らされた。物資の配給や統制、設備の割り当てなどに便利だったからだ。電気事業連合会、日本鉄鋼連盟、自動車工業会、全国銀行協会、石油連盟等々である。

政府は、物資の配給にも、設備投資や外貨の割り当てにも、各業界団体の意向を尊重したから、業界団体の権限と権威は高まった。各官庁は、それぞれの所管する業界の団体に、官僚ＯＢを天下りさせ、内部情報の収集や官僚側の考えの伝達に当たらせた。官僚と業界は完全に癒着したのである。

また、一九四六年には、業界団体を束ねるものとして経済団体連合会（経団連）が発足した。経団連会長は「財界総理」と呼ばれるほどの権威を誇ったものだ。

官僚たちは、各業界別に業界団体を造ると、その本部事務局を東京に置かせた。古い業界では戦前から業界団体があり、東京以外に本部事務局を置くところがあった。大阪に集中していた繊維業界は典型である。

官僚たちは、日米繊維摩擦などの機会を捉えて圧力を加え、それも段々に東京に移させた。名古屋の陶磁器輸出組合も京都の伝統産業振興会も東京に移させられた。

業界団体の長に就いた大企業の社長・会長は、週に二回ぐらいは東京の本部事務局に顔を出さねばならない。その他にもう一度ぐらいは役所の審議会や官僚との会談にも出なければならない。これでは東京以外に住んでいられない。関西などを本社とした企業も、次第に「社長・会長は東京常勤」となったのは、このためである。

社長・会長の常勤するところには、まず社長室が移動し、次いで調査部や資金部が移る。やがて海外事業部ができ、最後に営業本部が東京に移る。関西から本社機能を東京に移した大企業の移転順序を見ると、ほぼこの通りである。決して「東京で商売がし易いから営業本部が動いた」のではない。

それだけではない。国の官僚たちは、東京集中のためにもっと露骨なことをした。例えば、全国銀行協会の場合は大蔵省の指示により、「東京に本店のない銀行からは会長を採らない」という内規を作らせた。

このため、大阪に本店のあった住友銀行や三和銀行からは全国銀行協会会長にはなれなかった。全国銀行協会会長にならねば勲一等も授けられないのである。

企業の本社だけではない。証券取引や商品取引も東京一極に集めた。貿易取引も東京の店でやるようになった。戦前には圧倒的に多かった大阪での商談は微々たるものになり、横浜や神戸もほとんどなくなった。

産業経済の中枢管理機能の東京一極集中は、経済や技術の流れで自然とできたのではない。官僚主導によって圧力と費用をかけて強引に行われたのである。

◎雑誌もテレビも東京から

東京一極集中の第二は、情報発信機能である。

情報発信には、紙と電波がある。「紙」については、書籍取次店の東京集中を行った。

書籍は全国四千社といわれる出版社から出され、一万数千の書店に並ぶ。この間には取次店があり、出版社から持ち込まれた書籍を小分け、箱詰めして書店に配送する仕組みになっている。都道府県の境を越えて流通する書籍は、原則として取次店を経由して販売される。

政府は、この取次店を東京に集中、日販（日本出版販売）、東販（現・トーハン）など数社に集約した。この体制が完成したのは東販が成立した一九四九年九月のことだ。

この結果、大阪で制作した本を川一つ越えた尼崎市で売るのにも、必ず東京に運ばねばならなくなった。

それでも単行本ならまだしも僅《わず》かな輸送費で済むが、週刊誌になると輸送時間がかかるので出稿の締め切りが早くなり不利が大きい。このため、全国に販売する雑誌は東京でしか制作できなくなった。大阪の毎日新聞社の出していた「エコノミスト」やPHP研究所の「Voice」なども、東京移転を余儀なくされた。

出版社は雑誌を出さねば大きくならない。日本で発行される雑誌のほとんどは東京圏で出されている。世界でも珍しい一極集中振りである。

一方、電波の方は、単純に電波法の免許によって東京に集めた。戦争中に日本放送協会（NHK）の内規によって全国放送は東京中央放送局（AK）に集め、大阪のBKや名古屋のCKは放送地域を限定した。

戦後民間放送が誕生した時、最初にできたのは大阪の新日本放送（現・毎日放送）と名古屋の中部日本放送だったが、やがてテレビ放送がはじまると、世界でも珍しいキー局システムが作られた。「キー局でなければ全国番組編成権がない」という仕組みである。そしてそのキー局は東京にしか認可されない。

このため、キー局以外で作った番組を全国放送する時には、キー局にお伺いをして認められなければならない。そしてそのためには、必ず「地方色を入れるように」と強いられる。地方の伝統産業や伝統行事などを採り上げた地方色伝統色を加えさせられるのである。

すると、新しい産業や文化、流行などは「東京にしかない」ように見えてしまう。地方から報道されるのは、事件と事故と伝統行事と選挙、それにスポーツだけである。これでは若者が地方に住みたがらないのも当然だろう。

福島原子力発電の事故に絡んで、外国の港湾では関西や九州の製品まで放射能検査を行うことがあった。それも、日本は「東京周辺だけの小さな国」と思われ易いからだ。東京以外から情報発信がないからである。実際、日本ほどの人口と経済力がありながら、外国人記者クラブが一ヵ所しかないのは珍しい。全国放送が一都市に限られるのはもっと珍しい。

◎特定施設は東京だけ――地方には多目的ホールばかり

もう一つ、「文化創造活動」の東京集中も重大である。このために戦後の官僚は「特定文化施設は東京に集中する」という政策を採った。

例えば、歌舞伎を上演する劇場には、①花道、②引き幕、③回り舞台、④和式楽屋、⑤観客用飲食堂、の五つの施設が必要である。ところが、この五つの要素を備えた常設劇場が東京には国立劇場や歌舞伎座、明治座など四つか五つあるが、東京以外にはきわめて少ない。辛うじて京都の南座が合格するだけだろう。かつては大阪にも「大阪歌舞伎座」があったが一九五八年（昭和三十三年）に閉鎖、御堂筋に再開された「新歌舞伎座」は回り舞台がなかった。このため、関西歌舞伎は消滅、上方役者も全員東京に移住することになった。

歌舞伎だけではない。きちんとしたシンフォニーホールも、オペラ劇場も東京に集中している。日本武道館や国技館のようなリング型体育館も東京以外には少ない。

一方、地方には多目的ホールばかりが並ぶ。多目的ホールとは、演劇でも音楽でも講演でも「何でもできる」という触れ込みだが、何をしても不適切である。歌舞伎なら花道がないので舞台の脇から出て来る。シンフォニーをやっても反響板がなく舞台の上には緞帳《どんちょう》が下がっているので音が抜ける。これでは第一バイオリンの音が第二バイオリンには聞き辛い。こんなホールを本拠地にしては、上手な劇団も優れた楽団も育たない。

要するに、多目的ホールとは、東京の劇団や楽団が出稼ぎに来る「文化植民地化」の施設なのだ。一九八〇年代の「ハコモノ行政」では、そんな施設ばかりが造られていた。

こうして、官僚主導によって作られた地域構造では、全国的な頭脳機能は東京に集められた。各地方限りのものは「地方中核都市」、北海道なら札幌、東北なら仙台、中国地方は広島というのである。そして各道府県限りの機能は県庁所在地に集められた。

行政組織に併せて都市の格付けが行われ、地方には全国的な規模と水準の頭脳機能はなくなってしまった。地方に与えられたのは「手足」の機能、つまり「農林水産業や製造業の現場と建設業で頑張れ」というのである。これが一九七〇年代に建設省や国土庁の主張した「工業先導性の理論」である。

この理論は、理論的にも歴史的事実からも間違っている。それでも八〇年代までは、日本の製造業が拡大、地方にも工場誘致によって発展する余地があった。国の財政も豊かだったので、農業助成（米価引き上げ等）と公共事業のバラ撒きで地方を潤すことができた。日本の国土は、補助金漬けで何とか均衡を保っていたのである。

◎戦後の虹・規格大量生産天国

では、どうしてこんな地域構造を戦後官僚は創ったのか。それも規格大量生産のためだ。頭脳機能を東京一極に集中して、規格基準を東京で決めて大量生産し、東京からコマーシャルを流せばたちまち全国に拡まり、北海道から沖縄まで同じ規格品が売れる。道路基準も東京で決めて全国で実行させる。だから、同じ設計で同じ建設機械で同じ規格の道路ができ、同じ方法で管理ができる。山地では山肌を削り、斜面を拡げる無駄な難工事を強いられる。それでも「国道は三分の二を国が費用負担をするからやれ」ということになる。

小学校の教室は南側に配置し、天井高は三メートルと規格が決まっている。北国ではそれでよいが沖縄県では暑くてたまらない。それでも全国統一規格だから変更できない。生徒数の少ない過疎地帯では三メートルの天井高は高過ぎる。福祉施設と並べて建てると二階以上は床高が違ってしまう。それでも全国統一規格は外せない。規格大量生産社会を貫徹するためである。

要するに、物財の豊かさを希求してはじまった戦後日本は、最も物財の大量生産に適した社会、規格大量生産社会に行き着いた。そのためにこそ、企業系列を確固としたものにし、没個性規格化教育を行い、東京一極集中の地域構造を築いた。すべては、物量を豊かにする規格大量生産型の近代工業社会を築くためであった。

司馬遼太郎は、明治の「坂の上の雲」を「近代軍官国家」として描いた。「第一の敗戦」（幕末の動乱）から立ち直った「明治日本」が目指したのは、第一次世界大戦に勝利して軍人と官僚の支配する「近代国家」として結実した。

第二の敗戦（太平洋戦争での敗北）から立ち上がった「戦後日本」には、物財の豊かな規格大量生産型の近代工業社会こそが「目指すべき虹」であった。

一九八〇年代後半、戦後日本はその「虹」を摑んだのである。

第3章　文明の変貌と日本の凋落

今回の東日本大震災は、一八六〇年の幕末、一九四〇年代の太平洋戦争に次ぐ「第三の敗戦」ともいうべきものだ。これは単なる天災ではない。二十年間の下り坂の末に生じた国家的国民的災難である。この損失は、地震や津波の被災者、原子力事故の避難者だけではなく、全国民に掛かってくるだろう。では、あの繁栄した「近代の天国・戦後日本」が辿った凋落の道を見ておこう。それがこれからの日本新生を探す縁《えにし》になるからである。

第二の敗戦――太平洋戦争の敗北――から立ち直った日本は、規格大量生産型の近代工業社会を創り上げることで、大いなる繁栄を築き上げた。その頂点は一九八九年から九一年にかけて、東西冷戦の勝ち組になり得た頃であった。

「幕末の敗戦」から立ち上がった「明治日本」は、五十年後の一九一八年、第一次世界大戦で勝ち組になった時に、国際的地位と経済的繁栄で絶頂を極めた。

だが、その絶頂期は短く、一九二〇年代に入ると戦後不況に見舞われ、一九二三年の関東大震災で大打撃を被った。それでも約十年、一九三二年頃までの「大正デモクラシー」の時代は、何とか繁栄と楽しさを保っていた。日本が破滅への道を進み出すのはそのあと、一九三四年のワシントン軍縮条約破棄からの国際的孤立と戦時体制への転落によってである。

「戦後日本」もそれに似た道を歩む。太平洋戦争の敗戦から四十五年、冷戦構造の勝ち組になったことで経済的繁栄と高い国際的地位を得た。だが、今度も絶頂期は短かった……。

1 疑われ出した「近代」――知価革命の嵐

◎戦後日本の絶頂期――近代工業社会の天国

一九九〇年頃の日本は、「近代工業社会の天国」だったといってよい。すべてで近代の理想を実現していたのである。

経済は、富み栄えていた。国民総生産では、一九九三年には、人口四十万人弱のルクセンブルクを唯一の例外として、世界最高（一人当たり三万五千ドル）を記録する。猛烈な円高にもかかわらず、輸出競争力は衰えず、国際収支は膨大な黒字を計上していた。日本製品への信頼は厚く、技術の確かさは全世界に認められていた。日本人は金持ちで、世界の高級ブランドを買い漁っていた。日本企業は円高と土地高と株高で裕福になり、オーストラリアのリゾート地からアメリカの映画会社までを買い捲《まく》った。

この国には失業者は少なく、企業従業員の多くは年功賃金と終身雇用の慣例で守られていた。企業には余裕があり「窓際族」といわれる数多くの団塊の世代をも養うことができた。実は、その窓際族自身が、次々と新しいプロジェクトを創り出して、企業の業績と世間の景気を煽り上げていたのである。

日本の良さは、経済だけではない。豊かさにもかかわらず国民の勤勉さは失われなかったし、所得格差が少ないのに若者たちはよりよい大学と職場を目指して試験勉強に励んでいた。

科学技術の面でも日本は進んでいた。自動車や電機製品などの規格大量生産製品の品質が高かっただけではない。一九九一年、アメリカなどの西側諸国が行ったイラク制裁の湾岸戦争では、「日本のハイテク製品でなければアメリカ軍の戦闘はできない」といわれるほどに電子技術に長《た》けていた。

社会は都市化したが犯罪率は低かったし、家庭は核家族化したが子育てはきちんと行われていた。離婚率は低く家族関係も整っていた。労働争議は稀《まれ》だったし、デモもサボタージュもほとんど起こらなくなっていた。その上、世界最高の長寿国になったが、人口構造はまだ若かった。太平洋戦争直後に生まれた団塊の世代が生んだ子供たち——いわゆる団塊ジュニア——が分厚い若年層をなしていたからである。

日本はきわめて清潔で健康で安全な国だった。平等は、法的地位でも生涯所得でも世界有数に保たれていた。「一億総中流」といわれたほどである。

この時期、日本国民を悲しませたのは、長く玉座にあった昭和天皇の崩御と、それに続く昭和の象徴的人物の相次ぐ死去だろう。その中には松下幸之助、手塚治虫、美空ひばりなどがいた。

◎バブルの崩壊と冷戦後体制

しかし、日本の絶頂期は短かった。一九九〇年になると、まず株式が大暴落、続いて九二年頃からは土地価格が急落する。いわゆるバブル景気の崩壊である。

バブル崩壊の原因は何か。投機の行き過ぎと設備投資の過剰、それを招いた金融機関の過剰融資などといえば簡単である。しかし、問題はそうした経済分析には留まらない。その背景には、官僚主導・業界協調体制の無責任な世間迎合性が拡まっていた。

そしてまた、土地を資源ではなく資産と考える発想の古さもあった。九〇年頃の経済思想では「土地こそ安全な資産、最良の担保」と考えられていた。政治においても「土地の保有が資産格差を生む」という土地資産思想が強かった。

九〇年代の日本の社会と経済を下り坂に導いたのは、国内のバブル景気の崩壊だけではない。もう一つの要素として、世界の冷戦構造の消滅がある。

一九八九年十一月九日、冷戦の象徴だった「ベルリンの壁」が東ドイツ市民の手で破壊された。これを東ドイツの共産党政府ばかりか、駐留ソ連軍も阻止しなかった。「共産党の文化」が信頼されなくなっていたのである。

日本は幸いにも冷戦の勝ち組になった。だが、冷戦構造の消滅は、冷戦構造故の利点を日本から奪った。そのことはすぐ現れた。九一年初頭にはじまったアメリカを中心とする多国籍軍によるイラク制裁の湾岸戦争において、日本は「軍隊（自衛隊）は派遣できないが、百億ドルの資金提供を行う」と宣言した。当時の海部内閣は、これで「十分な戦争協力」と評価されると期待していたが、そうではなかった。軍隊を出さなかった日本は「同盟国（アライアンス）」に名を連ねられることさえなかった。世界は、「経済大国・軍事小国を目指す」という戦後日本の国家コンセプトの一つを拒否したのである。

世界は「新しい時代」に入っていた。そして「規格大量生産型の近代工業社会・日本」の凋落がはじまる。日本が追求して来た「近代工業社会」自体が疑われ出したのである。

長い間、人類は「近代こそは最高に進歩した社会、歴史の最終段階」と信じていた。しかし、それは近代人の傲慢でしかなかった。一九七〇年代に入ると、近代文明を疑わせる事件が続発する。

近代文明は、要するに「物財の豊かさこそが人間の幸せだ」という思想に則《のっと》ったものだ。この思想の故に近代人は、技術を革新し、資源を探査し、経営を刷新して来た。社会全体の物財を増大させるのに貢献した人々は、富と名声を得たのである。

こうした流れを、近代人は「進歩」と呼び、物財を増大させるやり方を「合理的」と名付けた。それが行き着いた先は、規格大量生産だ。これこそ物財を最も大量に生産し、流通させ、消費できる仕組みである。

この仕組み――規格大量生産方式――が文明としての頂点を極めたのは一九六〇年代だろう。この時期には、石油は安価で豊富だったし、地球は十分に広くて公害問題は小地域の汚染に限られていた。人々は物財の豊かさを誇りとし、合理性を信じていた。「神」の存在は薄れ、唯物論を振り回す哲学者が幅を利かせていた。何しろ世界の半分は、「科学的社会主義」を信奉していたのである。

ところが、一九七〇年代に入ると「近代」を疑わせる様々な事件が生じた。最高の物財で装備したアメリカ軍がベトナムで敗退する。金ドル交換が停止され、通貨はモノの裏付けを失う。地域公害が頻発する。二度の石油危機で資源の有限性が知られる。そして八〇年には「地球環境」の概念が登場。全世界で宗教が復活、科学的社会主義は信用を失ってしまう。

八〇年代に入ると、これがより明確になった。アメリカやイギリスでは「物財の豊かなことが本当に人間の幸せなのか」という疑問が生じた。「そうではなく、満足の大きいことこそ人間の幸せではないか」というのである。私が一九八五年に指摘した「知価革命」のはじまりである。

◎アメリカの変身――日本の繁栄

「人間の幸せは物財の多さではなく、満足の大きさだ」という考え方は、特定の学者や政治家が拡めたのではない。一般の人々の間にいつの間にか拡まったものだ。動きとしては緩慢、思想としては幼稚だったが、社会のすべてを確実に変えた。これによって、アメリカの産業構造や就業形態は様変わりし、人生の見方さえもが変わり出した。

産業構造では、規格大量生産型の製造業が衰えた。それまで規格大量生産型製造業は、生産性が高くて高い給与を支払う人気職場だったが、八〇年代には嫌われるようになる。人々が好んだのは、自己実現や対人接触の可能性が高い情報産業や観光業、金融業などである。

このため、アメリカの大量生産型製造業は衰退、電機や家庭用機器の製造工場は全米から姿を消した。多くの企業はアメリカでの生産を止め、アジア諸国から輸入した製品を自社ブランドで販売する方式を採った。アメリカが最も得意とした自動車産業でも、ビッグ・スリーの一角クライスラーが経営危機に陥るあり様だった。

第二の変化は人生観である。工業社会では、生涯に得る物財の量を最大にするのが「健全な生き方」と見られていた。そのためには①教育—②就業—③蓄財—④結婚—⑤出産—⑥育児—⑦老後、の順で生きるのがよい。人生のはじめに蓄財をして金利を得ながら暮らすのが生涯所得（生涯に得る物財）を安定的に増やすからである。

ところが、「生涯満足の大きいのが良い」となれば違って来る。欲しい時に欲しいものがあるのが満足を大きくする。そうだとすれば、「先に費《つか》って、あとから支払う」のもよいのである。このため、アメリカの家計の負債は急増する。一九八五年から二十年ほどの間に、GDP比で六〇パーセントから一八〇パーセントに三倍にもなった。

「先に費ってあとから支払う」人生では、貯蓄は少なく消費は多い。これではアメリカの貿易収支が赤字になるのは当然である。

そんなアメリカに、規格大量生産型の工業製品を大量に売り込んだのが日本、それが戦後日本の絶頂期を作ったのである。

◎「追われる側」になった日本――アジアの工業化

一九八〇年代後半、知価革命の進行によって製造業が空洞化したアメリカに、日本は自動車や電機製品などの規格大量生産品を大量に輸出して稼ぎ捲《まく》っていた。この勢いは、猛烈な円高でも衰えることはなかった。

一九八六年から八八年までの三年ほどの間に、日本円の対ドル為替レートは約二倍に値上がりしたが、ドルベースで見た日本の貿易黒字が減った年は一度もない。為替レートの調整によって貿易均衡が回復できる、というのは経済理論が作り出した神話に過ぎない。

しかし、その日本にも危機が忍び寄っていた。その第一は、アジア諸国の工業化である。

十九世紀と二十世紀の間の十年間ほどの間（日清・日露の両戦争の間）に、日本は初期的な産業革命を成し遂げ、近代工業国家の仲間入りができた。ところが、そのあと八十年間、日本に続いて工業化を成し遂げた国は現れなかった。近代工業が規格大量生産化したからだ。規格大量生産の実現のためには、巨額の資金と、大量に売れる市場と、大勢の技能者の三つが必要である。貧しくて輸送網が不備で教育も普及していない途上国が、この三つを実現するのは不可能だったのである。

だが八〇年代には、アメリカの製造業の衰えが発展途上国にもこの三条件を与えた。まず製造業の衰えたアメリカは、資源や工業製品を大量に輸入することでドル資金を国外に垂れ流した。一つは日本に流入してバブル景気を作り、もう一つは産油国に溢《あふ》れ出てユーロ・ダラーとなった。このユーロ・ダラーをロンドンやシンガポールで調達すれば途上国でも工場を造る資金が得られる。そしてそこで造った工業製品をアメリカに輸出すれば十分な市場も得られる。技能者の不足は、コンピューター装備の施設で補うことができる。

八〇年代に入ると、まず韓国、台湾、香港、シンガポールの四ヵ国がこのやり方で工業化の道を歩み出した。世界はこれを「アジアの四頭の小竜（ミニ・ドラゴン）」と呼んだ。

八〇年代後半になると、タイやマレーシア、インドネシアの都市部でも、同じ手法で工業化がはじまった。「アジアの新竜（ニュー・ドラゴン）」である。そして九〇年代中頃から、いよいよ「巨竜（ビッグ・ドラゴン）」中国沿海部が工業化に進み出した。

アジアの諸国は、日本よりもずっと安価で豊富な労働力を持っている。その上、地価が安くインフラストラクチャーのコストも低い。そんなアジア諸国が急速に工業化したことは、日本にとって強力なライバルの出現だった。

それでも九〇年代にはまだ、日本の技術とブランドの優位性があった。だが、それも九〇年代後半には急速に縮む。アジアの工業化は急速で、その分野も繊維や雑貨から自動車や電子部品へと拡がった。

それに対して日本は、制度も発想も人事も硬直化していた。その上、九〇年代中頃には、日本にも「知価革命」の影響が現れ、より豊かな物財を求めて働く意欲が薄れ出した。日本人の倫理は、効率から安心安全へと移りつつあったのである。

◎日本の凋落――バブル景気の崩壊

日本の凋落の第一歩は、一九九二、三年のバブル景気の崩壊である。一九八〇年代末からの円高、株高、土地高で日本経済は猛烈な信用創造を行った。多くの企業は土地を抵当に巨額の資金を借り出して、猛烈な設備投資を行った。株式や転換社債を発行して、低金利の資金を集めるのも容易だった。誰もが地価の上昇と経済の急成長を信じていたのである。いつの時代のどこの国でも、バブル景気の時はそんなものだ。

だが、バブルは永久には続かない。九〇年から株式が、九二年からは土地価格が急落、巨額の損失が発生した。日本の金融機関はみな膨大な不良債権を抱え込んだ。それでも政府や金融機関は悠長だった。事実から目を背け、長大な金融系列の連鎖の中に消化しようとした。

戦後の日本では、過剰投資も長期的には経済成長と物価上昇で吸収することができた。メーンバンクが金融を手当てしていれば、成長で需要が増えて設備の操業率は高まり、物価や地価の上昇で負債は軽くなったのである。

だが、バブル景気の崩壊後は、そうはならなかった。日本経済は成長力を失っていたし、冷戦構造の消滅で諸外国の目も厳しくなっていた。八〇年代後半の円高は、政、官、財の癒着で国内の販売価格を高くする「内外二重価格」で乗り切ったが、九〇年代にはそれを許さぬ貿易自由化の冷風が吹き込んでいた。はっきりと日本の国運は下り坂に入っていたのだ。

一九八〇年代後半、冷戦構造を終わらせるために西側諸国もかなりの無理をしていた。過剰な金融資金の提供で景気を盛り上げ、途上国からの輸入を拡大した。この時期、過剰投資に陥っていたのは日本だけではない。

ところが、九〇年代はじめにこれが露見した時の対策と処理の仕方は国によって違った。アメリカは、小規模貯蓄金融機関などの整理を急ぎ、九一年のうちに千余の金融機関を破綻させた。このため、「湾岸戦争の英雄」ブッシュ大統領（父）が一年後の大統領選挙で落選するほどの政治的ショックがあった。しかし、この英断で大きな破綻はまぬがれた。政治家が責任を持つ市場経済の仕組みが活きたのである。

これに対して、フランスや北欧諸国は、九五年まで先送りした。アメリカに比べると官僚的硬直性があったのだ。このため、金融機関の救済には、それぞれのGDPの四～六パーセントに相当する公的資金を投入せねばならなかった。

ところが日本は、まだ何もしなかった。金融機関も呑気《のんき》だったし、政治家も官僚も無知だった。当時の村山内閣が行ったのは、全体の不良債権の十分の一に当たる「住宅金融専門会社」の不良債権処理だけである。

そんな時、「阪神・淡路大震災」が起こった。この国の流れを変えた災害である。

◎下り坂の入り口での災害――阪神・淡路大震災

一九九五年一月十七日午前五時四十六分、淡路島北部を震源地とする大地震が発生した。発生時間が未明だったので交通機関などは動いていなかった。そのため、人命の損失は六千四百人ほどに留まった。だが、被災総額は九・九兆円に及んだ。今回の東日本大震災の被害額は十六兆～二十五兆円といわれているから、その半分ぐらいである。

日本の歴史には、徳川幕藩時代から「時代の下り坂のはじめに大災害が生じる例が多い」のは第一章でも書いた。阪神・淡路大震災は、その一つに位置付けられるだろう。この点では関東大震災（一九二三年）に似ている。

私は、阪神・淡路大震災の二日後、被災地を自転車で巡回、当時の村山総理大臣や与党の実力者、小渕恵三に「関東大震災の復興のために設けられた帝都復興院に似た全権掌握型の組織を作れ」と提言した。しかし、この提言は、関係各省庁から権限を侵すとして反対を受け「復興委員会」という調整機関に縮小されてしまった。関東大震災当時に比べても、平成の日本国は官僚硬直化が進んでいたのである。

もう一つ、阪神・淡路大震災が日本を傷付けたのは地域構造だ。戦後の日本が官僚主導で東京一極集中が進んだことは前述したが、阪神・淡路大震災はそれを一段と徹底させた。大阪神戸間にあった高級住宅地が被災し、関西のハイクオリティな文化を壊滅させた。この地震を契機に東京に本拠を移す経営者や文化人が何百人も出た。これ以降、関西の文化は「お笑い一極集中」になってしまう。

◎円高三ヵ月、株高二年半——そして大不況

阪神・淡路大震災のあとの日本経済の動向は、よく知っておくべきだろう。

まず、地震直後の三ヵ月は円高になった。保険支払いや復興需要で円資金の必要額が膨れ上がったからだ。だが、三ヵ月後の四月中旬からは急落する。一時は一ドル九十円だったものが、三年後には百四十円台にまで低下するのである。

世界の金融市場では、一九九五年からはより投機的な国際短期資金の動きが活発化する。そして二年半後の九七年七月には、韓国やタイ、マレーシア、インドネシアに流入していた欧米の短期資金が一斉に逃げ出したことから、アジア通貨危機が発生した。

この際、日本の北海道拓殖銀行や山一証券も倒産した。九〇年代初期のバブルの傷が癒えないうちに、アジア通貨危機の渦中に飛び込んでしまったのだ。

世界の金融は大荒れとなり、アジア諸国の株と為替は暴落、多くの企業が倒産し、国家管理の下に置かれた。日本企業の韓国などに対する投資は大半が無価値になってしまった。

阪神・淡路大震災によって、日本は「アジアの中枢」としての機能を失った。一九九〇年には、大阪証券取引所はデリバティブで世界有数の取引高を誇ったが、無知な政府の規制と他市場の大成長で、今ではごく小さな存在になっている。目下のところ世界最大の金融先物市場は韓国の釜山である。

神戸港は巨大なコンテナ港で、震災前年でも世界六位の取扱高があったが、今は四十四位、年間取り扱い量は半減、大成長した香港や釜山には遠く及ばぬローカル港湾になった。

東京の金融や商品取引は日本国内だけの小さな規模になり、羽田や成田の空港もハブ（国際中枢）機能を失ってしまった。

日本国内だけを見詰める官僚の規制と、金融機関などの内向き姿勢のためである。阪神・淡路大震災の復興委員会委員として、私はより発展的な経済・文化政策の必要を強調したが、「焼け太りを許さず」との官僚の原則論に阻まれた。官僚たちが復興したのは、道路や住宅などのハードウェアだけである。

官僚は所詮、「部分の専門家」である。その積み上げからは全体の指針は出て来ない。これを為すべき政治も、全体把握の能力が衰えていた。冷戦後の世界構造と知価革命の流れを摑まえ切れていなかったのである。

◎必死の踏ん張り——金融大恐慌（一九九八年）対策

次に訪れた戦後日本の凋落の現象は、「平成金融恐慌」である。

一九九七年秋、アジア通貨危機によって山一証券や北海道拓殖銀行が破綻したのは、巨大な金融危機の前触れに過ぎなかった。

不幸なことに橋本龍太郎内閣を支えた財務官僚は、この年、消費税や医療費負担を引き上げて約九兆円の増徴をした。内にはバブル崩壊以来の不良債権が積み上げられており、外にはアジア通貨危機の嵐が吹き荒れている中で、消費税や医療費負担の引き上げを行ったのは、何とも時期が悪い。だが、増税による権力拡大を狙う財務官僚には、それを読む気概も能力も乏しい。専ら、内閣や国会やマスコミ世論だけを見て引き上げを断行したのである。

結果は大不況、金融機関は貸し渋り、貸しはがしに走った。この国の金融機関には、もともと事業の将来性や経営者の人格能力を測る習慣がない。彼らが習得していたのは土地の担保価格査定の技量と金融系列の人脈だけである。

九八年も春が過ぎる頃には、日本の金融は機能不全を起こし、この国の資金流動が阻害されてしまった。通貨は資本主義経済の血液、金融機関はその循環を司る心臓である。これが機能停止したのでは胃腸や筋肉が丈夫でも全身が壊死《えし》してしまう。

そんな中で、橋本内閣は倒れ、小渕恵三内閣が誕生、私は経済企画庁長官として入閣、経済再建の指揮をすることになった。

九八年七月、内閣に入った私が見たのは、正に日本経済の惨状だった。長い間「護送船団方式」といわれる横並び保護政策で守られていた金融機関は、不良債権を山積みにして腐敗臭に満ちていた。企業は過剰設備に埋もれていた。多くの経営者は事態の厳しさに驚くほど無知だった。

この大不況の対策として、私は五つのことをした。

①不良金融機関の整理、一時国有化
②健全銀行への公的資金の注入と金融系列の整理統合
③銀行預金の全額国家保証
④中小企業の借り入れの一定額までの政府保証
⑤巨額の補正予算による需要創造、景気振興

である。これらに要した総費用はおよそ六十兆円、GDPの一二パーセント以上にもなった。だが、それは経済の再建に必要な措置であり費用だった。

十年後の二〇〇八年、世界は「リーマン・ショック」といわれる金融危機に陥った。当然のように「十年前の日本の経験」を訊《たず》ねる者が諸国から私のところに来た。私は右記五項目を語り、「今後はアメリカもヨーロッパ諸国も同じことをするだろう」と申し上げた。

はじめ（〇八年十月頃まで）は、疑わしい目で見る人も多かったが、その年の暮れには、欧米諸国も同じことをやり出していた。

一九九八年から九九年にかけての日本の経済危機対策は誤っていなかった。必要な対策を大規模かつ迅速に行った、といえる。その結果、日本経済は短期間に回復、九九年には景気も上昇に向かい、失業率や倒産件数も減った。株価（日経平均）は一万二千円台から二万八百円まで回復した。

しかし、財政は一段と悪化、九八年度の補正後予算では、国債発行額が三十四兆円、歳入の三八・六パーセントを占めるまでに膨らんだ。日本は自らの経済力（税収）を上回る暮らし（歳出）をするようになっていたのである。

◎もう一つの衝撃――「少子化」

一九九五年、阪神・淡路大震災が発生した直後、もう一つのショックが日本を突き抜けた。いわゆる「一・四二ショック」、この年の合計特殊出生率が一・四二まで低下、女性の人口再生産率が〇・六九になったのである（第5図）。

合計特殊出生率とは、一人の女性が生涯に産む子供の数を推計した数字だ。男性は子供を産めないから、この数字が二・〇五ぐらいでないと超長期的に人口が保てない。それを示すのが「女性の人口再生産率」、それがこの年には〇・七を割り込んだのである。

一九七六年、私は小説『団塊の世代』を著し、一九四七年から五一年までの間に生まれた人口の巨大な塊、「団塊の世代」が加齢化することによって、産業構造や企業経営はもちろん、社会の流行や暮らしの形態も変化することを警告した。

この予測小説のストーリーはほぼ的中、団塊の世代の高齢化に伴って企業経営や年金財政は厳しくなった。しかし、日本の出生率がこれほど急落するとは予想しなかった。政府の

「人口問題研究所（現・国立社会保障・人口問題研究所）」などは、私よりも出生率をはるかに大きく見積もっていた。団塊の世代の子供たち、いわゆる団塊ジュニアが出産年齢を迎える一九九五年頃からは出生数が増え、三たび若い世代の塊が出現すると予測していたのである。

しかし、この期待は虚しかった。九五年から二〇〇〇年にかけて、団塊ジュニアが出産適齢期を迎えても、出生数は伸びなかった。団塊の世代の子供たち団塊ジュニアの山は統計的にも認められる。七〇年から七四年にかけては、出生数は二百万人を超えた。だが団塊三世はできなかった。平成に入ってからは出生数がほぼ年々減少、二〇〇五年には出生数が百六万人、合計特殊出生率一・二六まで低下し、日本の総人口が減り出すのである。

このことは、日本の人口の高齢化が予想以上に早いことを意味している。労働人口の減少、高齢年金受給者の増加、医療費負担の急増など、予測される問題は多い。特に、外国人労働者の移入を厳しく制限する日本では、人口の高齢化は労働適合人口の減少に直結する。

この頃を境に、日本の未来予測は著しく暗いものになった。それでもなお十年間、一九九六年から二〇〇六年までの間には、規制緩和によって新しい国際環境に順応しようとする努力がなされた。「平成デモクラシー」ともいうべき現象である。

第5図　日本の合計特殊出生率と国債発行残高の推移

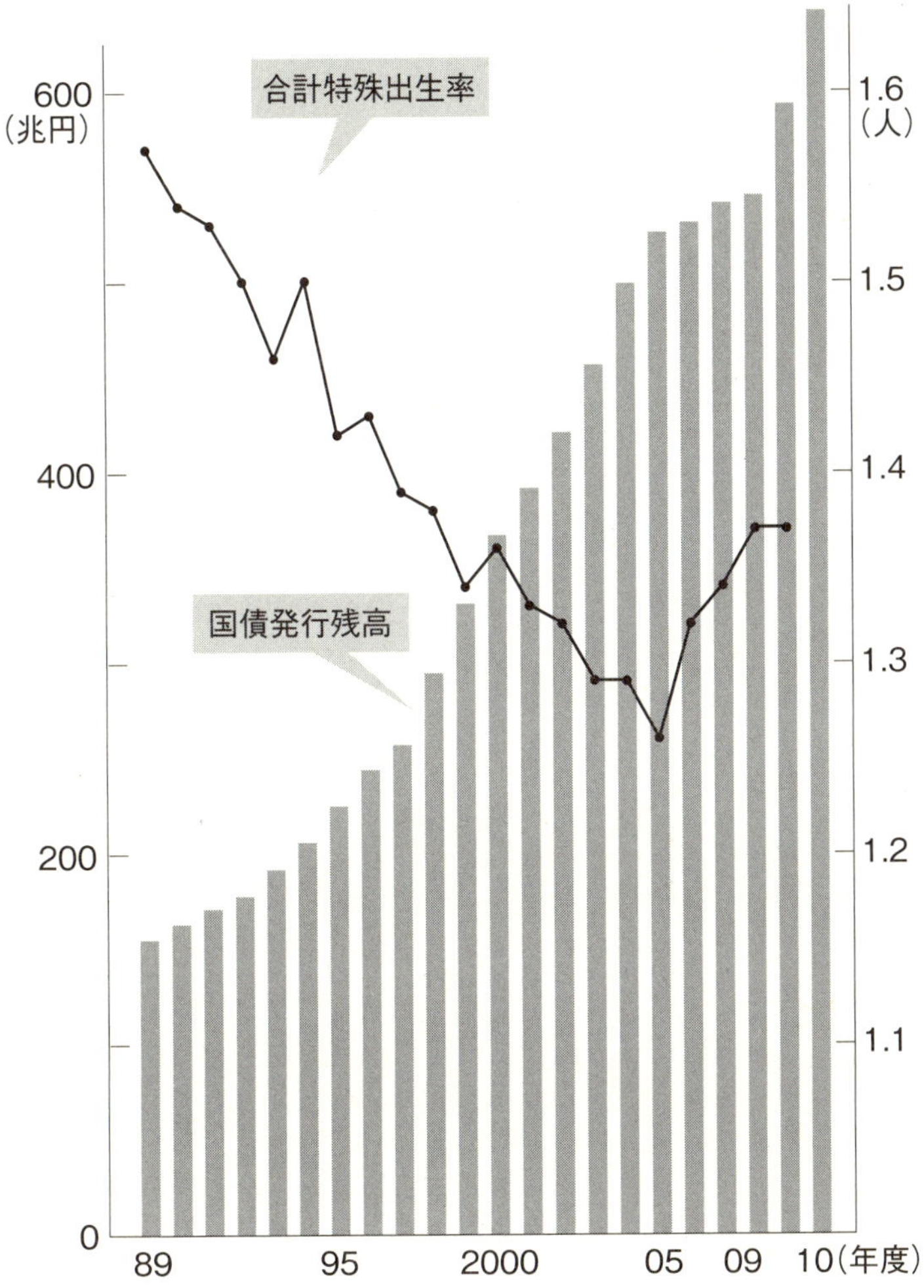

[2]「平成デモクラシー」の十年——一九九六〜二〇〇六年

◎公務員改革の挫折——軍閥時代を思わす政治の無力

「戦後日本」の絶頂期は短く、一九九三年には早くも「凋落」がはじまっていた。これに対して日本の政治家や企業人が無為無策だったわけではない。世界の構造が冷戦からグローバルに変わる中で、日本も「変わろう」とした。九六年からはじまる行政改革と規制緩和である。

敢えて歴史に前例を求めるとすれば、第一次世界大戦後に日本が「勝ち組」の英米民主国家を真似ようとした「大正デモクラシー」に似た動きといえる。一九九六年代から二〇〇六年までを「平成デモクラシー」の時代と呼べなくもない。

この間に日本がしたことは、①行政改革、②規制緩和、③グローバル化の三つである。成功したものもあれば失敗したものもある。既成の制度や組織によって阻まれたものもあれば、かえって逆方向に押し戻されたものもある。

まず、九六年橋本内閣は、行政改革を手掛けた。これは小渕内閣にも引き継がれたが、所期の効果を上げたとはいい難い。行政改革の実現のためには、公務員制度の改革が不可欠だが、それには手を付けなかった。

公務員制度改革に本格的に取り組んだのは、二〇〇六年の安倍晋三内閣である。それは、次の福田康夫内閣にも引き継がれ、やっと国家公務員制度改革基本法だけは通したが、そこで停止してしまった。福田内閣を継いだ麻生太郎内閣はその重要性を理解せず、改革への情熱と政治への真面目さを欠いていた。

それだけではない。〇九年の総選挙で政権を得た民主党は、政治運営の未熟さからか、「政治主導」を叫びながら、現実には官僚依存を強めてしまった。

とはいえ、この時期の官僚が優れていたわけではない。外交でも財政でも医療や年金の問題でも、官僚の失敗や不決断が目立つ。さらに一〇年に露見した検事による証拠捏造《ねつぞう》は「最後の信頼の砦《とりで》」を失わせるものだった。

それにもかかわらず、官僚の力が強まったのは、「二・二六時件」を起こした陸軍の力が強まったのと同じだ。「大正デモクラシー」が軍閥支配に陥った結末を思い出させる状況である。

◎通信で成功、金融と電力では失敗

「平成デモクラシー」の第二の流れは規制緩和である。世界が冷戦後のグローバル化の中で、日本も規制緩和で世界の流れに歩み寄らざるをえなかった。だが、官僚と保守的な業界は、巧みに規制を温存した。

「平成デモクラシー」の規制緩和で最も成功したのは私が担当大臣を務めた通信分野だ。二〇〇三年に行った「電気通信事業法」の改正によって通信回線は自由化され、日本のブロードバンドは四年間で五万本から二千万本に増加、通信料金はおよそ四分の一に下がった。

タクシーやガソリン・スタンドの自由化も成果を上げた方だ。もっともこれには官僚たちから安売り競争批判や乗車率の低下を理由に再規制の動きが出ている。

逆に途中挫折したのが電力自由化である。電力自由化とは、電力会社以外の事業者でも、発電をして販売をできるようにすることである。販売先は電力会社でもよいが、大口需要者に直接交渉で販売してもよい。もちろん、発電所から需要先までの送電には電力業者の送電線を借りる。その仕組みは通信と同じである。

戦後の日本の電力事業は十の電力会社（沖縄電力を含む）が、地域を分けて発電から送配電まで独占している。このため、地域独占に胡座《あぐら》をかいて合理化努力を怠っているのではないか、ともいわれる。「電力自由化」は、そんな批判に応じて試みられた改革である。

二〇〇〇年頃からは、これがかなりの成果を上げ、鉄鋼会社や精錬会社などが発電売電事業に乗り出す例も増えた。需要者の中にも地域外の電力会社から電力買い取り契約をする者も現れた。大手スーパーマーケットの中には、全国の店舗の使用電力を一括契約している例もある。使用時間の限定や平準化で割安になるのである。

電力自由化は、二〇〇〇年代はじめにはある程度の成果を上げた。しかし、〇六年以降は十電力会社の巻き返しで伸び悩み、あまり拡まらなかった。もし、この政策が順調に進んでいたなら、東日本大震災による電力不足も事情が違っていただろう。

福島第一原子力発電所の事故で東日本の電力不足が懸念される今、電力事業の体制そのものが問われるところである。

◎ワーキング・プアは何のせいか

二十一世紀に出現した小泉純一郎内閣は、経済の市場化国際化に奮闘した。アメリカとの協調を進める一方では、アジア経済の成長に乗って、モノ造りを回復させた。国民はそんな小泉内閣を支持、二〇〇五年の総選挙では小泉政権を圧勝させた。だが、意外なところから流れが変わった。

規制緩和に関して、触れざるを得ないのは派遣労働の自由化（適用職種の拡大）である。

一九九〇年代、日本経済の繁栄期には求人が世に溢れ、自由に職場を移るフリーターが流行した。一方、主婦や高齢者、学生アルバイトなど限定された時間だけを働きたい人々も増加、短期で転職する派遣労働者が急増した。小渕内閣はこの流れを汲み上げ、派遣労働の対象職種を拡大するなどの規制緩和を行った。

このことが、一方では限られた時間だけ働きたい人々にも職と一定の収入を与え、他方では仕事量の変動する職場にも必要なだけの労働力を与えることになった。農村からの季節出稼ぎがなくなった今日の日本では、短期間の派遣や臨時雇用は欠かせぬ就労形態である。

ところが、二〇〇七、八年になると、専ら低賃金不定期の派遣就労だけで生活する若者が都市に出現、その低賃金低所得の悲惨な現実がテレビによって報じられた。いわゆるワーキング・プアである。

そんな人々の中には、インターネット・カフェなどで寝泊まりする若者もいた。これまで日本でもありふれていた「ドヤ街」の日雇い労務者とは違った種類の低所得不定期労働者の出現である。その数はどれほどか、そんな暮らしをしている期間がどのぐらいか、またその目的と好みとは何なのか、その実態がよく分からないうちに感情的な議論は盛り上がり、派遣労働の規制再強化へと突っ走ってしまう。

そんな流れに乗って、官僚たちは規制再強化に乗り出した。新聞やテレビなどもその流れに沿って、小泉内閣の規制緩和政策を批判し出した。あるいは、新聞やテレビなどには、〇五年の衆議院選挙における小泉政権と自由民主党の大勝利を「勝たせ過ぎた」という思いがあったのかも知れない。

ワーキング・プアの出現や高齢化による所得格差の拡大を、規制緩和のせいにする論調が流行、官僚による規制の強化が猛烈な勢いではじまるのである。

◎五代の短命内閣──「政治」の空洞化

五年余に及んだ小泉純一郎内閣が二〇〇六年九月に退任、そのあとには同じ自由民主党の安倍晋三が内閣を組織した。

安倍は一九五〇年代の総理岸信介の孫であり、八〇年代の外相、安倍晋太郎の息子である。長身で若手の安倍は人気が出そうだったが、徐々に官僚勢力の巻き返しに遭う。

安倍内閣が約一年で総辞職したあとには、七〇年代の総理大臣福田赳夫の息子、福田康夫が総理大臣となった。特に個性のある人物ではなかったが、森─小泉─安倍と続いた自民党主流派の安全牌的人物である。そしてその福田もまた一年ほどで辞職、太平洋戦争敗戦直後の総理大臣の孫に当たる麻生太郎が総理の座に着いた。

麻生の政治姿勢は不真面目に見えた。国民は、これに激しい嫌悪感を示した。そのため、二〇〇九年八月の総選挙では自由民主党は惨敗、民主党はかつてないほどの大勝を得た。だが、ここでも総理大臣になったのは五〇年代の総理鳩山一郎の孫鳩山由紀夫である。そしてその鳩山は外交でも財政でも軽々しい言動を繰り返して瞬く間に内外の信用を失い、一年足らずで辞任してしまう。

四代続いて血縁でもない元総理大臣直系子孫が総理の座についたのは、近代国家としては異例のことだ。日本の総理の選択が安易になっていたのではあるまいか。

後を継いだのは菅直人、市民運動家出身の政治家である。その経歴は四人の前任者とは異なっているが、今日までの内閣運営は褒められたものではない。外交でも経済でも良い成果は全くない。東日本大震災や原発事故の対策でも、評価できるところは少ない。

そのためか、一一年四月に行われた統一地方選挙などでは菅総理の率いる民主党は惨敗続きである。国民は、民主党政権を拒んでいる、としかいいようがない。

さりとて、野党の自由民主党が国民の支持と期待を集めているともいい切れない。自民党もまた、国民を奮い立たせるような政策と人材を提示しているようには見えない。

結局日本は、五代にわたって短命内閣を経験するだろう。それは恰《あたか》も、「大正デモクラシー」の終わったあとの日本にも似ている。一九三六年の「二・二六事件」から敗戦までの十年弱の間に、九人の総理大臣で十一もの内閣ができた。政治は機能と権威を失い、軍人と官僚が国家を支配したのである。

今、日本はそれと同じような危機に立っている。

◎規制強化の奔流――「安心安全」と「弱者保護」、実は「権限強化」

政治が無能短命内閣を繰り返している間に、官僚たちは次々と規制強化をはじめた。そのためのキャッチ・フレーズは「安心安全」と「弱者保護」である。

例えば二〇〇五年、一人の建築士が鉄筋構造の計算を偽装することで、倒壊の危険のある不正建築物を設計した。それは構造設計所を経営する一人の設計士の個人的犯罪行為である。この設計士が関与した建物はごく少なく、いずれも小規模だ。

ところが、マスコミは大騒ぎ、国会でも取り上げられた。その結果、国土交通省は建築基準法を改正、設計基準から提出書類の数まで大幅に変えた。膨大な設計図を提出させ設計変更を制限した。大いに審査権限を拡大し、世の中を不便にしたのである。

これだけではない。最近の日本では次々と規制強化の法令が出されている。金融商品取引法、利息制限法、タバコ自動販売機にタスポカードの導入、パチンコの出玉制限強化、飲酒運転取り締まり、賞味期限の表示、等々である。その中には、官僚の思い付きで出された省令や規則通達によるものも少なくない。官僚たちの規制強化の理由は「安心安全」と「弱者保護」である。だが、実際は必ずしも安全につながらないものも多い。

例えば賞味期限、衛生上の問題は厚生労働省の行う「消費期限」である。これに関与できない農林水産省は、一部食品業界と結託して「衛生上は問題はないが味が落ちるはずだ」という理由で「賞味期限」なるものをでっち上げた。官僚権限を拡げたい一心である。

一方、日本の基準は徐々に形骸化、実際の「安全」からは遠ざかっている。

阪神・淡路大震災の一年前（一九九四年一月）、ロサンゼルスで地震があり高架道路の橋脚が外れた。その時、日本の官僚たちは「アメリカは経済合理性で高速道路を造るからあんなことになる。日本は官僚の基準がしっかりしているから、建設費がずっと高いが絶対安全だ」といったものだ。

ところが、一年後の阪神・淡路大震災では、どこの国よりも多くの高架道路が倒れた。これに対する官僚の答えは「官僚の基準は正しかったが、手抜き工事があったから」というものである。しかし、高架道路はみな、官僚の選んだ技術水準に適った業者が指名入札で施工したものだ。高い費用を掛けながら安全ではなかったのである。

同様に、日本は世界一厳しい建築基準法や消防法を設けているが、焼死率は決して低くない。火災保険会社の検査が主流の香港よりもずっと悪い。

今回の福島第一原発事故も、官僚基準主義の欠点を露呈した。官僚の定めた基準を絶対視して、「億分の一」に備えるダメージコントロールが全くできていなかったのである。

官僚たちは「安心安全」を標榜して規制を強化するが、その実、安全性よりも権限強化の方が優先されていたのである。

3「戦後日本」の敗戦――この惨状を直視せよ

二〇一一年三月十一日、史上最大ともいわれる大地震が東北地方沖合で発生、最大三十メートルを超える大津波が東北地方太平洋岸に押し寄せた。これで約二万五千人の人命と十六兆円ないし二十五兆円の財産が失われた。

加えて、津波は東京電力福島第一原子力発電所を襲い、四基の原子炉に甚大な事故を起こさせた。大地震、大津波、原子力事故の三重災害は人類史上でもはじめての災難である。

これは単なる「天災」ではない。一九九〇年頃を頂点として約二十年間も「下り坂」を歩んで来た「戦後日本」が遭遇した一種の「敗戦」である。

幕末の敗戦（一八六八年）から五十年、近代帝国主義の坂を登り詰めた大日本帝国は、第一次世界大戦での勝ち組参加で頂点を極めた。それ以降二十年余「下り坂」を歩んだのちに太平洋戦争敗北のどん底に突入した。

一九四五年の敗戦から四十五年、規格大量生産型の近代工業社会を目指して来た戦後日本は、九〇年代はじめに冷戦勝ち組となることで絶頂期を迎えた。だが、それからの二十年は専ら「下り坂」、そして今、そのどん底を見る災難に直面している（183頁、第2表）。

この「第三の敗戦」からどう立ち直るか。それを語る前に、私たちの目の前に拡がる「新たな敗戦」を正しく理解する必要がある。

◎鉱工業生産一五・三パーセント低下——消費支出八・五パーセント減少

二〇一一年四月二十八日、政府の発表によれば、三月の鉱工業生産指数は前月比一五・三パーセント減、過去最大のマイナスだった。これは地震災害によって工場や輸送網が破壊されたことによるもので、三月十一日以降の減産の結果である。三月十日までの生産が順調だったとすれば、三月十二日以降の生産は二五パーセントほども減少していることになる。

特に部品の供給連鎖（サプライチェーン）の長い自動車産業を主とする運送機械のダメージは大きく、三月は四六・四パーセント減、十一日の被災以降は七割減になったらしい。

もっとも、こうした供給減は生産輸送施設の復旧で急速に回復する。経産省の見通しでは、四月は前月比三・七パーセント増、五月は同二・七パーセント増の上昇が予想されている。

だが、その後には夏場の電力不足が襲って来る。福島第一原子力発電所の事故で東日本全域で深刻な電力不足が予想されており、工場などの大口消費者は一五パーセントの「節電」を強いられている。加えて浜岡原発を停止する中部電力もぎりぎりだ。

各企業は様々な節電対策を講じると共に、電力使用量の時間的平準化を図るなどして生産の維持に努めるだろう。また、電力供給に余裕のある西日本に生産拠点を移すことも進めるだろう。それでも鉱工業生産が抑えられるのは避けられない。

一方、災害による消費不振も深刻だ。四月二十八日の総務省の速報では、二人以上世帯の家計支出は前月比で実質八・五パーセント減、比較可能な一九六四年以降最大の減少となった。それでも、日常の食料や雑貨を主とするコンビニエンス・ストアは「非常買い溜め」のせいか売り上げが伸びたが、スーパーマーケットなどの量販店は大幅減少、高級品の多い百貨店に至っては一五パーセント近くも売り上げが減少した。

特に酷いのは観光業や娯楽文化、特に東日本では壊滅的な打撃を受けている。

一九九〇年頃のバブル崩壊後、徐々に「安物化」していた日本の消費生活は、ここに来て急激な水準低下に陥った。こんなことは太平洋戦争期の戦争統制以来まったくなかった。十六年前の阪神・淡路大震災の折にも、消費の「安物化」は見られたが、それよりもはるかに激しい状況である。

これこそ、「戦後日本の敗戦」といわざるを得ない。

◎財政破綻――「敗戦時の状況」

日本国の「敗戦」状況は、単に一時の災害によるだけではない。経済、社会、文化の各面で長期的な悪化と構造的な破綻が見られる。その分かり易い代表例が財政である。二〇一一年三月に成立した民主党菅内閣の平成二十三年度予算は、歳出総額九十二兆円、これに対して税収は約四十一兆円、全歳出の四五パーセントしかない。残りのほとんどが国債発行収入、つまり借金である。

他に特別会計や積み立て金などいわゆる「埋蔵金」の流用がある。一見もっともな財源に見えるが、長期の国家財政全体から見ると資産減、長続きするものではない。

支出総額に対して税収が半分以下というのは、完全な財政破綻状態である。そんなことになったのは、徳川幕府の末期と太平洋戦争敗戦の時の二度だけである。このことだけでも現在の日本は「敗戦状態」といえるだろう。

それにもかかわらず、菅民主党政権は子ども手当や農家の戸別所得補償、高速道路の無料化など、人気取りのバラ撒きを企てていた。

二〇〇九年の選挙前、民主党は「公務員給与総額の二割カットなどで九兆円の財源を捻出する」と豪語していた。それを実現するかのように、テレビ中継付きで派手な「仕分け」を演技したが、目標の十分の一も削れなかった。財務官僚の振り付け演技では、それも当然だろう。財務省は戦前の陸軍同様、敵（財政赤字）を減らすよりも増やす方を願う組織なのだ。

しかし、今やそれどころではない。東日本大震災の復旧復興に巨額の支出が必要である。菅内閣は五月二日に四兆円余の第一次補正予算を成立させたが、続いてより大規模な第二次補正予算が必要である。子ども手当や高速道路無料化などのバラ撒き支出を削ったとしても、四兆〜五兆円の追加支出はまぬがれまい。

公共施設の再建や農産物の風評被害まで政府が補償するとなれば支出額は十兆円を超える可能性もある。阪神・淡路大震災の復興予算は五年間の累積で総額三・三兆円、今回の財政支出の増加はその三倍にもなりそうだ。その上に原子力事故の補償が加わる。

その一方、税収は被災と操業停止、自粛不況によって大幅に減る。大きければ三兆円の減収は覚悟せねばなるまい。そうだとすれば、支出の三分の一しか税収がない超破綻状態になってしまう。正しく「敗戦財政」である。

財政赤字の最悪の帰結は、国家破綻（デフォルト）と物価の止めどない上昇（ハイパーインフレーション）である。これを招くのは、財政赤字を止める手立てを失うことだ。最近の日本にはその気配がある。

財政再建（赤字減らし）には、増税と支出の削減と経済成長による税収増の三つがある。財政再建を焦って増税をして景気を悪化させればかえって収入が減り、赤字が増える。そのことは一九九八年の橋本内閣の増税によって身に沁みるほど教えられたはずである。

財政を改善するためには、支出の削減と経済の成長、そして景気を悪化させないような税収増の三つを最良に混合すること（ベストミックス）が必要である。一九九〇年代のアメリカ（クリントン時代）など、財政再建に成功した国はみな「最良の時機に最良の混合」をしている。

クリントンのベストミックスの主な内容は冷戦勝利の配当としての軍事費の削減、好景気による高額所得者への増税、そして国民医療の放置（支出増回避）である。

このためには、景気に悪影響のない支出削減と、景気振興に効果的な支出の拡大が必要である。ところが、こうした支出の削減や支出拡大は世論の人気が悪いし、官僚の権限をも損ない易い。つまり、政権の維持のためには最もやり難いのだ。

今日の日本の困った点は、増税と支出削減と経済振興のベストミックスを発見し実現する、知恵と勇気と公正さを失っている点にある。

◎日本を出て行く産業――経常収支の赤字も

財政だけではない。その基の産業経済も今や惨憺《さんたん》たるものだ。

日本の経済は、このところ低成長、国内総生産は一九九五年の四百九十五兆円から二〇〇九年の四百七十兆円に五パーセント近くも減っている。

もっともこれは名目値で、物価下落を除いた実質ではこの十四年間に八パーセントあまり伸びたとされている。それでも世界主要国では最も低い伸びだ。

人々が暮らすのは名目の世界、それが十四年間も下がりっぱなしとは悲しい限りだ。特に勤労者世帯の収入などは確実に下がっている。日本人の暮らしは貧しくなっているのである。特に、〇八年のリーマン・ショック以降は激しい不況とデフレで企業収益も減退した。そこからようやく立ち直りかけた途端にこの大災害、多くの企業は再び業績不振に沈むだろう。

かつて（一九九三年）は世界一だった一人当たりGDPも今では世界二十位以下、アメリカやヨーロッパ主要国には遠く及ばない。アジアの中でも昨二〇一〇年にはシンガポールに追い付かれた。恐らく今年は大災害と不況でOECD（先進国グループ／経済協力開発機構）の中では最低位の部類になるだろう。

そんな経済不振の日本からは、企業が続々と流れ出ている。かつては「近代工業社会の天国」を築いた規格大量生産型の大企業――自動車や電機の大手――は、海外に生産拠点を移している。いや生産拠点ばかりか、流通販売や本社管理機能もアメリカや中国に移す企業も珍しくない。日本は法人税が高い上、派遣労働の再規制に見られるような各種規制が多く、企業活動の環境がよくないのである。所得税や相続税の高さも、所得の高い経営者や研究者を追い出す一因となっている。

もう一つ、企業活動にとって日本の不利な点は、金融や商品の先物取引の遅れである。日本は「弱者保護」を理由にした官僚の規制が厳しいため、日本の企業でも欧米やシンガポールに金融取引拠点を置くところが増えている。金融や商品の先物取引は、情報の集まる場所でもある。官僚規制の厳しい日本は、自ら目を閉じ耳を塞いでいるに等しい。

先進国の経済は、規格大量生産の時代から知価創造の時代へと移りつつある。規格大量生産型の産業にのみ依存していたのでは、中国や韓国などの新興工業国に追われるばかりだ。

しかも、その規格大量生産型の産業も、今回の災害と電力不足で大きなダメージを受けた。自動車や電機は部品供給の不足から生産量が激減している。その回復には早くても半年、中には二、三年かかるものもありそうだ。その間には、新興国の産業に市場を奪われるケースも増えるだろう。完成品でも部品でも日本の輸出は大幅減少、今年は貿易収支が赤字になりそうである。

一方、これからの成長が期待される観光は、それ以上のダメージだ。福島原発事故の風評被害が大きく、ホテルや観光地の外国人客は大幅減。第二章でも述べたが、情報発信機能が東京一極に集中している日本は外国から見ると全国一色、全国が放射能汚染にまみれているように見えるらしい。

今や日本は、産業経済の面でも四十年前に戻ったような厳しい状況に直面している。

◎教育熱の低下――覇気と熱意が失われた

日本の「敗戦」現象は、経済面だけではない。「文化」の面でも後退が著しい。

もちろん、序章にも述べたように日本の美徳は今も多い。特に災害地犯罪の少なさは世界から称讃を集めている。被災した方々の辛抱強さも素晴らしい。既に二ヵ月、阪神・淡路大震災の場合よりも長い避難所生活を続ける人々が多いが、秩序と清潔は保たれている。

その一方、長期的に見た日本の文化、とりわけ若者の覇気と熱意は低下しているように見える。特にそれは教育の面で著しい。

一九六〇年代から七〇年代にかけて、日本経済が成長を続けていた頃には、青少年の受験競争が激しく、受験予備校に通う者も多かった。

日本は学歴格差の大きい社会ではない。学歴による賃金格差はどこの国よりも少ないし、出世した人の学歴もまちまちだ。大学卒業者の比率は最も高い国の一つなのに、戦後五十年間には大学を卒業していない総理大臣が三人も出ている。各地の商工会議所の会頭や大富豪の学歴もまちまちである。

それにもかかわらず、学生はどこの国よりも熱心に勉強していた。父母の教育熱も高かったし、教師の授業態度も厳格だった。中学高校の教室には張りつめた緊張感があった。少年少女たちの間ではスポーツ根性ものが流行、何事かに熱中する者が多かった。受験競争やスポーツ根性が「良い」とばかりはいえないが、青少年の間に物事に対する覇気と熱意がみなぎっていたことは確かである。

ところが、九〇年代に入ると、教育の場からは緊張感が緩み、「学級崩壊」といわれる現象が現れる。生徒の知識技能の習熟度合いにかかわらず、年期によって進級させる制度のため未熟なまま進級卒業する生徒も増えた。

大阪府の行った調査では、二〇〇八年には一桁の掛け算に全問正解できない中学生が約一割もいた、という。かつては「世界一」といわれた日本の初等教育が、少なからず破損しているのだ。

若者の覇気と熱意の低下は、外国留学者の減少にも見られる。欧米の一流大学への留学者は中国や韓国よりもずっと少なくなっているのだ。贔屓目に見れば、「日本に優秀な大学が多いから」ともいえなくはないが、敢えて海外に出る覇気ある青少年の減少は蔽い難い。

このことは、オリンピックの獲得メダルの数の減少にも、日本人学者の国際論文の発表の少なさにも現れている。世界的に有名な芸術家や建築家も今や六十歳以上が大半である。

日本は教育文化の面でも、世界の中枢から外れ出しているように見える。戦後の日本は、規格大量生産型の工業社会を追求するあまり、個性と独創性、そして若者たちの競争心や自立性を失わせてしまったのではないだろうか。

◎「既得権」が創った身分社会

二〇一一年四月、福島第一原子力発電所の事故が全国民の耳目を集める中で、この事故に対処する作業員や自衛隊員の姿がテレビで放映された。

その際、東京電力のトレーニングセンターの一つ「Ｊヴィレッジ」に宿泊する作業員が床にごろ寝し、レトルト食品で飢えをしのぐ姿が写された。事故後一ヵ月も経つのに、実に劣悪な居住条件で働いているのである。この状況は五月に入ってもさして変わっていない。

実は、この作業員たちは東京電力の下請けをする機具メーカーや建設会社が、そのまた下請け会社などに依頼して集めた臨時雇用、低い日当で雇われた人々である。

この国には公務員や大企業の正規社員と、下請けの中小企業の社員と、各職場に必要に応じて日雇いされる作業員（労務者）との三層の社会ができているのだ。

終身雇用年功賃金体系の慣習の中で、正規社員は容易に解雇できない。このため、生産量の増減や職場の移動は臨時の短期雇用者や下請け会社にやらせるのが一般化した。このこと自体は、供給連鎖（サプライチェーン）が長く延びる高度な産業社会では当然ともいえる世界的現象である。

日本に独特な点は、正規社員が解雇し難いこと、そのために大企業の正規社員になれば、比較的高い給与を定年まで安泰に受けられることだ。この点、正規社員でも景気の好悪や企業業績の栄枯で増減する外国とはかなり異なる。一方、中小下請け企業は概して低賃金の上、仕事の増減も著しい。

福島原発の現場では、雇われたり、切られたりする短期雇用者は、所得ばかりか宿舎や食事でも区別されているように見える。日本の官公庁や大企業には、そんな区別感覚ができているのだろうか。

それでも民間の企業や団体の場合では、赤字になれば規模縮小は避け難く、正規社員も賃金カットや転勤を強いられる。その意味で民間企業には「市場の目」が働いており、社員もそれに応えねばならない。免許や利権に守られている巨大企業でも、究極的には市場の評価から離れられないことは、昨年の日本航空の例でも分かるだろう。

問題は「市場の目」が働かない公務員の場合である。

◎公務員は「身分」——平成日本の難題

組織には、家族や親睦団体など自然発生型の「共同体（ゲマインシャフト）」と特定の目的達成のための「機能体（ゲゼルシャフト）」とがある。企業は利潤追求のための機能体、官公庁は行政目的を果たすための機能体である。

ところが、組織はそれができた瞬間から、それが作られた目的とは別に組織自身の目的を持つ。組織を構成する者自身の幸せ追求である。

そのため、外に対しては「より大きく、より強く、より結束固く」なろうとする。内においては仲間同志の競争をなくそうとする。その結果生まれるのが年功序列人事であることは先にも述べた。これがさらに進むと組織の中の地位が利権化し、「身分」となってしまう。

戦前の日本では、他と隔絶した組織、陸海軍にそれが著しかったが、戦後日本でも官僚にそれが顕著である。

現在の国家公務員の制度では、公務員になる際には国家試験がある。上級、中級、初級の三種類があり、それぞれに文系（法律職や経済職）と理系（技術職）などに分かれている。

このうち「真の官僚」といえるのは上級公務員試験に合格して霞が関の本省に入った文系の人々、いわゆる「キャリア組」である。

この人たちは、各府省庁の中でほぼ二年置きにポストを移り、時には別の府省や海外勤務を経験しながら年功によって出世の階段を昇る。その間、余程のことがない限り「出世のエスカレーター」から外れることがない。先輩を追い抜く抜擢も、後輩に遅れる脱落も絶対にない。つまり「〇〇年に△△省に入ったキャリア」という身分を得るのである。

もちろん官僚のポストも上は狭い。同じ年に入省した同じ官庁の者も、上層部に行くとポストが減って絞られる。そんな中でも誰が残り誰が去るかを決めるのは「仲間内の評判」だ。だから、官僚仲間に尽くした者が最後のポスト事務次官になる。その人数は原則一年一人、同じ年の入省者から一人ずつ出るのを原則としている。従って事務次官の任期は原則一年だ。

官僚の地位は完全に「身分」、能力や熱意の高い適任者が選ばれる「職業」ではなく、それに適《ふさわ》しい資格（キャリア）を備えている適格者が選ばれる「身分」である。

徳川幕藩体制の日本は武士の身分にこだわって滅んだ。身分社会に安住しようとした武士たちは、仲間の評判だけを気にして様式美に堕したからである。

戦前の日本は、陸海軍大学校卒の軍人たちの「身分」を大切にしたために敗北した。能力や熱意よりも、軍人仲間に受けのよい組織拡大主義者ばかりが出世、敗北を予想しつつも軍の権威権限のために日米開戦へと突っ走った。

戦後日本も今、その危険に直面している。政治家は選挙の受けを狙って国政の現実を学ばず、空虚なテレビ出演に興じている。その一方で官僚は、仲間の受けを考えて自らの権限と予算の拡大に走る。各府省別の縦割り組織と、公務員試験の種類や入省年次で仕切られた横割りの身分で細分化された官僚機構こそ、日本の敗戦の象徴といえるだろう。

◎国民の声——官僚依存政党は必ず負ける

二〇〇五年、自由民主党の小泉純一郎総理大臣は、与党議員の一部が郵政改革法案に反対したのに業を煮やして衆議院を解散した。郵政民営化は小泉総理の永年の主張だが、郵政官僚は強く反対、郵便局長らの組織を動かして抵抗していた。一部与党議員もこれに同調、参議院で郵政改革法案を否決した。小泉総理の衆議院解散はその結果である。

従って、この段階では小泉総理の自民党は反官僚改革派、自民党を飛び出した連中や官公労の支持を得ていた民主党が親官僚派と見られた。

〇五年九月に行われた選挙の結果は小泉自民党の圧勝だった。自民党脱出組や民主党は大幅に議席を減らした。

それから一年余、郵政改革法を成立させた小泉は総理の座を退き、安倍晋三、福田康夫、麻生太郎に総理の座が渡り、自民党は改革の意欲のない官僚依存政党になり果てた。

そこで行われた二〇〇九年の総選挙では、自民党はかつてない惨敗を喫する。大勝したのは官僚には思いもつかぬ財政、外交政策を掲げた鳩山由紀夫代表の民主党である。

ところが、総理になった鳩山は、外交でも財政でも無知未熟ぶりを露呈、一気に官僚依存に流れてしまう。これに代わって総理になった菅直人は鳩山以上の官僚依存、高級官僚の天下りや現役官僚の出向まで認めてしまう。国会答弁は官僚作文の棒読み、難題は先送りして人気取りのバラ撒き予算を編成する。

これに国民は怒った。その後行われた国政の補欠選挙や地方首長の選挙で民主党は連敗、二〇一一年四月の地方統一選挙では大敗を喫した。これとは逆に、中央官僚の発想に逆らって改革を打ち出した地域政党、「大阪維新の会」や名古屋の「減税日本」はほとんどが新人候補なのに大きく議席を伸ばした。

こうした選挙結果から聞こえて来る国民の声は明白だ。官僚と結び付いた政党は必ず負ける。国民は官僚支配の「身分社会」に腹を立てているのである。

官僚主導・業界協調体制で近代工業社会を築いて来た戦後日本は、国民の選択においても敗れたのである。

日本の政治家や企業経営者、世論をリードする言論人などは、この現実を直視すべきである。それができれば、この大災害からの再起に当たっても「古い日本」つまり、官僚主導で規格大量生産を続ける日本を再現するのではなく、未来指向の新しい日本を創設することができるだろう。

第2表　戦後日本の凋落

1989年	冷戦の勝ち組となる。戦後日本の頂点
90年	株式大暴落 (日経平均　89年末38,915円、90年末23,848円)
92年	地価急落 (不動産会社倒産多数　不良債権発生)
93年	GATTウルグアイラウンド 締結(内外二重価格解消) この年、1人当たりGDP世界一(ルクセンブルクは例外)
95年	阪神・淡路大震災(被災総額 9.6兆円) 合計特殊出生率 1.42 ショック
96年	橋本行政改革(官僚の抵抗で不発)
97年	アジア通貨危機　山一証券、北海道拓殖銀行倒産
98年	金融大恐慌　日本長期信用銀行など破綻 財政赤字拡大(99年度決算　国債依存度36.6%)
2000年	必死の持ち直し(一人当たりGDP3位回復)
01年	ITバブルの崩壊=不況深刻
03～05年	モノ造り復活=規制緩和効果
05年	小泉自民党、衆院選で大勝
06年	「ワーキング・プア・ショック」
07年	規制強化はじまる(建築着工激減、シャッター通り出現)
08年	リーマン・ショック(世界金融恐慌)
09年	民主党大勝　バラ撒き財政
10年	検事(証拠捏造)ショック
11年	東日本大震災　福島原発事故

4 国際的孤立に向かう日本

◎日本の信頼は傾いている

一九九〇年代初頭の頂点から二十年、経済の停滞と人口の高齢化、国民全般の覇気活力減退に見舞われて来た日本が今、人類史上空前の大災難に見舞われた。大地震と巨大津波による人的物的損失に加え、原子力発電所の事故で電力不足と様々な風評被害にも曝《さら》されている。

これによる間接的な「被害」も深刻である。

その第一は、日本の技術に対する信頼が揺らいだことだ。八〇年代以降、日本の技術は、飛躍的な発想や世界を驚かすような巨大さはないが、確実さにおいては世界の信頼を得て来た。世界の消費者が日本製の自動車や電機製品、光学機器を選んだのは技術の信頼故である。二〇一〇年に、アメリカでトヨタ自動車のリコール問題が生じた時も、圧倒的多数の消費者は、日本車の安全性確実性を疑わなかった。

ところが、今回の災害、とりわけ福島原発事故は日本の技術への信頼性を大きく破損した。中には日本政府や東京電力の発表を信じかね、駐在員の引き揚げや関西移住を行った外国政府機関や企業もある。技術だけではなく政府の発表が信じられていないのである。

また、日本への観光旅行を「放射能汚染地域」として制限または中止勧告した国もある。日本で予定されていた国際行事をキャンセルまたは縮小する国も相次いだ。

幸い、このような誤解は一ヵ月ほどでほぼ収まったが、その後遺症は長く残るだろう。日本の国際観光の再建には官民の真剣な努力が必要である。

◎外国人労働者に愛されない日本

第二の国際問題は、日本に来ていた外国人労働者の大量出国である。

東日本大震災の発生した直後から、日本で働く外国人労働者の大量出国がはじまった。地震や津波の被害で職場が破損して働き場を失った者だけではない。東京近辺から東海や関西まで、大量の外国人労働者が出国した。

厚生労働省の調べでは、二〇一〇年十月時点で、外国人労働者は約十一万ヵ所の事業所で六十五万人が働いていた。日本国内の就業者六千二百十一万人の一パーセント強に過ぎないが、前年に比べると一五・五パーセントの増加、リーマン・ショックからの立ち直りで急増していた。国籍別では中国が四四パーセント、ブラジルが一八パーセント、フィリピンが一〇パーセント、オーストラリア・ニュージーランドが七パーセントとなっている。

勤務先は五五パーセントが従業員百人未満の小規模企業、業種では四〇パーセントが製造業、小売や飲食サービス二一パーセントといったところである。典型的にいえば、繁華街のお店か、群馬県太田や静岡県浜松あたりの工場労働者に二分される。

外国人労働者は、それぞれの職場である程度定着した労働力になっているのである。ところが、その相当部分が震災と原発事故で早々と出国してしまった。三月中頃には成田や関西空港のロビーには母国への出発便を待つ中国人などが留まる異常な状態になった。外国人労働者の急な退職、出国によって操業の効率が下がっているところもある。電力不足に次ぐ問題である。

結局、今回のことは日本と日本の職場が外国人の愛着を呼ぶようなものになっていないことを意味している。これからの少子高齢化を考えるならば、外国人も歓んで働ける職場と社会を目指すのが重要である。

◎日本は「孤立」に向かっている

二〇一〇年五月一日から十月末まで、中国上海で万国博覧会が開催された。全会期には七千三百万人の入場者を集めた「史上最大」の国際行事だった。

この行事は私が、一九八四年に中国側に提案し実現に協力して来たもので、二〇〇六年までは特別顧問を務めていた。そして〇六年からは日本の民間出展「日本産業館」の代表兼総合プロデューサーを務めた。最高の人気を集めた展示館である。

ところが、その間には中国にある日系企業の事務所でストライキなどの労働争議が頻発したり、尖閣諸島近くの海域で日本の警備船と中国漁船が衝突する事件もあった。だからといって、日本産業館や日本館の人気が下がったわけではない。中国の国民はきわめて冷静、国家に対して冷淡にさえ見えた。

ところが、日本の外交はきわめて不活発。一九七二年の沖縄返還以降は、重大な外交問題をほとんど解決していない。国際経済の面でも、ＷＴＯ（国際貿易機関）への参加や国際決裁機構への加盟以外には目ざましい成果がない。

世界中で進んでいるＦＴＡ（自由貿易協定）の締結やＥＰＡ（経済協力協定）でも最も遅れている国の一つである。

世界環境会議京都議定書（京都議定書）では、地球温暖化ガス（主として二酸化炭素）の排出量を一九九〇年に比べて二十年間で六パーセント削減すると宣言したはずだが、昨年の排出量は九〇年を上回っており達成不可能と見られている。それにもかかわらず、鳩山由起夫総理大臣は、二〇〇九年の国連総会で「二〇二〇年までに二五パーセント削減」と大見得を切った。原子力発電の大量活用を前提としてのことである。だが、それも今回の福島原発事故で「不可能」と見られている。

それだけではない。鳩山総理は就任前、沖縄の米軍基地を「少なくとも県外に移転する」と確言していたが、総理になると「私の考えが浅かった」といい出した。この結果、沖縄県民には失望と怒りを与え、アメリカとの関係は冷やかになってしまった。

今や日本政府の発表は信用がない。日本は外国人にとって働き難い放射能汚染の場所と見られている。中国やロシアとの関係は改善されず、アジアやヨーロッパの国々とは疎遠になりつつある。何よりもアメリカとの関係が冷却しつつある。沖縄の基地問題は「当分凍結」せざるを得ない状態である。

二十年前、冷戦構造が終わった時点では、日本は勝ち組の国の一つとして意気揚々、発展途上国への政府開発援助（ＯＤＡ）でも世界第一位を誇っていた。一時は経済的苦境にあるロシアに北方領土問題での譲歩を期待したこともあった。二十一世紀はじめにも国際連合を改組して、安全保障理事会の常任理事国に加わろうと運動したこともあった。第一次世界大戦後と同様、「大国気取り」だったのである。

しかし、いずれも実現しなかった。結局は、冷戦後の新世界構造に有効な対策（新コンセプト）を打ち出せないままである。ここにも、さ迷う日本の凋落した姿がある。

第4章　「第三の建国」

——新しい日本のコンセプト

東日本大震災は、「第三の敗戦」ともいうべき深刻な事態である。

ここから立ち直り、三度日本を「世界の冠たる国」とするのは並大抵のことではない。しかし、昭和に生を受けて「近代工業社会の天国」を経験した者としては、次の世代にも世界に尊敬される国、幸福に暮らせる国、日本を残す務めがある。少なくともそうなる方針と道筋を明確にしなければならない。

これからは、そのための短期、長期の方針と基本的心構え、いわば「新しい日本のコンセプト」について考えてみたい。

①「古い日本」に戻そうとしてはならない

東日本大震災からの復興に当たって、まず第一に心掛けねばならないのは「古い日本」に戻そうとしてはならない、という点である。

日本は、近代に入って二度敗戦した。一八六〇年代の幕末維新と一九四〇年代の太平洋戦争での敗北である。この二度の敗戦で二度とも立ち直り、それ以前をはるかに超える豊かで安全で世界に尊敬される国を創った。それが出来たのは敗戦前の「古い日本」を再現しようとしなかったからだ。

今度も「古い日本」、官僚主導・業界協調体制で規格大量生産型の工業社会を実現した「戦後日本」を再現しようとしてはならない。

明治維新は、武士の文化を捨てて身分制度を廃止、二百六十年も続いた徳川幕府と三百諸藩からなる国の形を破壊し、正義の概念を「安定」から「進歩」へと替えた。

太平洋戦争の後では、陸海軍を廃止し内務省を解体、帝国主義の政策を捨てた。「忠勇と勤勉」に代わって「安全と平等と効率」の倫理を確立、物財の豊かさを追求する思想が蔓延《まんえん》した。それはやがて任侠《にんきょう》や男気をも否定する草食型の社会を形成した。そしてその終着点では、官僚という「身分集団」に黙々と従う辛抱強い日本人の群社会となってしまった。ここで残念なのは、この善意に溢《あふ》れた日本国民に新たな指針を与える政治が不在のことである。日本は、多様性、創造力、決断の慣習を取り戻さねばならない。

◎第四の災害——思い付きの政治

東日本大震災が発生した三月十一日以来、総理大臣の存在感は大きく膨らんでいる。緊急非常の事態では、指導者の存在が際立つのは当然である。残念ながら現在の総理菅直人が非常時の指導者として十分な役割を果たしている、と思う人は少ない。それというのも、菅総理には「政治」の何たるか、「総理」の役割は何かが分かっていないように見えるからだ。

菅総理は震災以来、○○対策本部とか△△会議とかいうものを二十ほども作った。総理自身が長を務めるものも多く、同じ大臣や副大臣がメンバーに重複する会議も多い。だからといって、総理本人や主要閣僚が全貌を把握し、全ての本部や会議を一定の方向に導いているわけでもない。それぞれの事務局を務める官僚が異なるので、データも説明も異なっている。従って、総理や閣僚は何も決められず目前の作業を追認し、「頑張ろう」というだけである。

政治とは決断の仕事である。つまり目標を定め、基本方針を決め、担当の人事と実行の日時を選ぶことである。それには千人の情報を百人が選び、百人の選んだ結果を十人が判断し、最後は一人が決定して万人に実行させるのでなければならない。組織は常に「みんなで考える方が多く考えられる。一人で決める方が速く決められる」のである。

菅総理は市民運動の出身のせいか、政治は判断ではなく集会だと思い込んでいるのかも知れない。

基本方針を決められない政治は、実行者に方向ややり方を決めさせる。つまり、官僚丸投げである。

投げられた官僚は、それぞれの慣例と組織利害に従って、やり易いようにやる。この結果、部分的にはもっともらしい作業が行われるが、全体の方向は定まらない。つまり、「古い日本」が歪んだ格好で再現されてしまうのである。

ところが、その菅総理、五月の連休中に変身した。まず二十もの本部や会議を「三系統に統合する」という。被災地災害対策を担当する機関と、原発事故対策系統、それに復興の方針を考える「東日本大震災復興構想会議」などの機関である。

この整理は悪くない。ただ、そのそれぞれが実際に機能するかどうかが問題だ。肝心の「復興構想会議」は実行組織を伴わぬアイデア会議になる恐れがある。ここはそれで止まらず、本書でも提唱する実施の権限と組織力を持つ「東北復興庁(仮称)」まで進んで欲しい。

ところが、菅総理は驚くべき方向に走った。中部電力の浜岡原発の三つの発電炉を「長期間停止せよ」と要請をしたのである。

「今後三十年間に東海大地震が起こる確率は八七パーセント」という地震学者の予測を受け入れてのことだが、これによって日本全体が一段と電力不足に陥ることは明らかだ。

菅総理とその内閣の言動は思い付き次第に見える。重大局面での重大決定を思い付きでやる政府は、それ自体が災難だ。地震、津波、原発事故に続く「第四の災害」は「思い付き政治」かも知れない。

◎脱工業化——知価社会を目指そう

事業企画（プロデュース）の要諦は、最初に大目標を定めることだ。ここではまず、再建する「新しい日本」とは何かを語ろう。

それは「脱工業化の知価社会」、物財の豊かさよりも満足の大きさを追求する多様性のある世の中であるべきである。

工業社会は、物財の豊かさを人間の幸せと考える社会である。従って、社会全体の物財を増大すべく技術を革新し、資源を開発し、経営を刷新した。それが行き着いた先は規格大量生産社会、一律の規格基準をみんなが受け入れることで大量生産、大量流通、大量消費を実現したのである。

この社会が実現した極限をわれわれ日本人は経験した。その現象的な特色は次の三つだ。

第一は、資源エネルギーの多消費である。

工業社会はあらゆるモノを大型化した。都市も建物も、飛行機や船舶も、工場も、発電所も、巨大化した。ニューヨークの世界貿易センタービル、ジャンボ旅客機、五十万トンタンカー、百十万キロワットの発電機、アポロ宇宙船は一九七〇年代の近代工業社会のシンボルだった。

一九九〇年代以降、世界記録的な超高層ビルが、アメリカから台湾、マレーシア、上海、そしてドバイへと拡まっているのは、工業社会の尖端地域の移動を象徴している。

アメリカは、七〇年代に近代工業社会の頂点を極め、八〇年代からは知価社会化した。西欧は、九〇年代のＥＵ実現でそれを果たした。日本は今、二〇〇〇年代後半からその段階に入っているように見える。

近代工業社会の第二の特色は「移動」である。この社会では人々が、日々長距離通勤をし、政治家や経営者は世界を駆け回った。

十八世紀末から十九世紀にかけての産業革命で生まれた近代工業社会は、労働力と生産手段の分離、働く者自身が工場や商店などの生産手段を保有しないのが特色である。働く者は労働力を提供し、生産手段は企業か国家か共同体が保有する。

二十世紀にはじまった近代的都市計画は、この社会形態を都市の形状にも反映させようとした。労働力の再生産の場である住宅や学園と、生産手段である工場や商業施設の集中する場を地域的に区分し、その間を鉄道や高速道路などの機械動線で結んだのである。

この結果、住宅地域、学園都市、商業センター、工業地帯はそれぞれ遠く引き離され、人々は日々長距離の通勤をすることになった。一日五十キロメートル、年間一万キロメートル以上の通勤がごく普通、いやむしろ憧れにさえなったのである。

ごく普通の勤労者でさえそうだから、国家や大企業の幹部ともなれば、移動距離は著しい。一年間に地球を十周ぐらいするのは当たり前だ。政治と経営の規模は拡大したが、人間の感覚は通信機器に馴染んでいないのである。

近代工業社会の第三の特色は「少子化」だ。一人当たりが得る物財を増やすためには、家族の数が少ないほうが有利である。

近代工業社会で幸せに生きるためには、規格大量生産に参加できる知識と技能と社会的慣習を備えねばならない。それには高等教育を受け、高給勤労者としてのお墨付きを得るのが確実である。

このため、工業化が進むと高等教育への進学率が急速に伸びる。

その一方で、近代工業社会には人生規範ができた。①教育―②就業―③蓄財―④結婚―⑤

出産―⑥育児―⑦引退（老後）の順にするのが健全な人生とする考えである。そうすると、高等教育を受ける者が増えれば、確実に初産年齢は上昇し、多人数を出産することはできなくなる。一九六〇年代から欧米諸国が、八〇年代には日本が、九〇年代以降は韓国や台湾、シンガポール、香港が、そして最近では中国沿海部が著しく少子化しているのはこのためである。

これからの日本が脱工業化し知価社会化することは、資源多消費、移動距離長大、少子遅産の社会から抜け出すことである。

◎「省資源社会」を目指す――復興財源はエネルギー課税で

政治は、御伽話《おとぎばなし》ではない。理想を定めれば実行の手段を明確にし、確実に実現しなければならない。今次の災害復興は、省資源、省エネルギー社会の実現を目標の一つとすべきだ。そうであれば、復興の財源はエネルギー、特に、炭素燃料の消費に課税するのが至当だろう。

東および中部日本は二〇一一年夏には節電を強いられる。それを官僚統制的な強制節電や消費者の善意による国民運動にだけ期待するのは宜しくない。下手をすると官僚統制を強化し、電力使用の特例を求める機関が経済産業省や東京電力に日参する歪《いびつ》な世の中を作りかねない。また、国民の善意に期待するのも、世論迎合の節電競争を生み、暑さに耐えるガマンポーズと告発合戦を招きかねない。

電力は、春に節電すれば夏に余計使えるものではない。夜に倹約した分を昼に使えるものでもない。我慢比べや告発合戦は、不要な倹約ポーズの人気取りを拡げ、自粛不況を招き、日本の復興と変革を遅くする恐れがある。

それよりは、市場メカニズムを活用、エネルギー料金を引き上げることで節電省エネルギーの恒久的実現を目指すべきである。

日本国民は、これから巨額の災害復興費を負担しなければならない。五月二日に成立した第一次補正予算は四兆円強、年金基金への国庫繰り入れや予備費を流用して賄《まかな》った。このあとには、さらに巨額の復興と補償のための第二次の補正予算が必要である。それは当面国債発行で賄うが、その償還には電力やガソリンへの追加課税を担保とするのが最良だろう。

もっともこれには、福島原発事故による被災補償も加わる。その金額がどれほどになるのか、まだ見当もつかない。もちろん、補償の責任はまず東京電力にある。政府は東京電力を管理下に置き、これに各電力会社と国庫から資金を流す機構を設立する構想を打ち出した。二、三年の資金繰りでは政府資金が必要だが、長期的には電力各社が賄うべきだ。それ以上に、復興の財源もエネルギー消費者に負担して頂くべきである。

日本の電力は二〇〇七年のデータで、キロワット時当たり全国平均（家庭用）十八セント、アメリカ（十一セント）、韓国（九セント）に比べてきわめて高い。地域独占に胡坐《あぐら》をかいて来たせいだ。電力自由化でまず合理化し、補償と復興の財源を搾り出す。それでも不足分は値上げする。年間消費量（電力事業分）は九千億キロワット時だから一キロワット時に三円程度の課税で二兆七千億円が得られる。発電コストの高まる東京電力や中部電力が割高になるのは止むを得ない。

何であれ、増税には反対が生じる。しかし、エネルギー課税は省エネルギーを促す点だけではなく、経済的影響でもダメージが少ない。

原油価格は二〇〇七年頃から大幅に上昇、四月まではバーレル百ドルを超えていた。原油価格の上昇は「産油国からの課税」ともいえる。それに耐えられるのなら、日本国内での課税にも耐えられるはずである。

電力やガソリンへの課税は国際競争力を損ない、日本の輸出産業に打撃を与えるとの主張もある。しかし、EUの中では原子力発電の多いフランスに比べ、脱原子力を進めるドイツやオーストリアは電力料金がかなり高い。それでもドイツやオーストリアはEUの中の経済優等生、貿易収支は良好で国債金利は最も低い。

また、電力需要は所得と共に増える傾向があるので「貧しい人ほど重い」という逆進性は見られない。

併せて、日本の電力事業体制の改革も見送れない。発電売電の自由化を進め、十電力会社による地域独占体制を破ることである。第三章で述べたように、私は十年前に電気通信の改革で、インターネット料金を大幅に下げた経験がある。電力も自由化効果は大きい。自由競争になれば、時間別料金も導入される。そうすれば自ずから時間制電力使用メーターや蓄電装置が普及、電力使用の合理化平準化、冷房の規制やLEDへの付け替えが進むはずである。

但し、太陽光発電や風力発電の普及には、高額買い取り制が必要だろう。太陽光や風力発電などが石油、天然ガスに対して競争力を持つためには、まだ相当な技術開発と量産効果が必要だからである。それまでの間、普及進化のための助成は欠かせない。

財務省やそれを支持する者の中には、消費税の引き上げを唱える者が多い。しかしこれは筋が違う。消費税の問題は、災害のあるなしにかかわらず、この国の財政問題として的確に論じられるべき課題であり、災害復興に絡めて引き上げるものではない。

支出の面でも国民の納得できるだけの削減を行って、社会保障改革と平行して論じるべき問題である。所得税や相続税の引き上げなどを安易に論じるのは、世界の流れに逆らう危険な議論である。

2 国のかたちを変えよう——地域主権型道州制に向けて

規格大量生産型の工業社会から、多様性と創造力に富んだ知価社会へ——それには地域構造の多様化、つまり東京一極集中からの脱却が重要である。この大震災からの復興でも、この方向を確立し実現すべきである。

東京一極集中が、戦後日本の規格大量生産型社会を確立するために採られた政策であることは前述した。規格大量生産の没個性社会を脱するためには、これを改めなければならない。

それにはまず、次の手続きと内容で「東北復興庁（仮称）」を設け、それを将来の地域主権型道州制の「東北州」へと発展させる。それに併せて他の地域でも「州庁」を設けて行えばよい。

今、地方は改革の気運が高まっている。特に大阪では府と市を合併して「大阪都」を創ろうという橋下徹知事の主張が大受け、四月の地方選挙ではそれを旗印にした「大阪維新の会」が大勝した。

ここにも戦後型の官僚主導体制は否定されつつある。こうした国民の声は大事にしなければならない。

◎まず「東北復興庁(仮称)」――各省権限を越えた実施機関

東日本大震災からの復興には、「東北（東日本）復興庁」を設けるべきだ。

この組織は国会と内閣からの信任を得て、政府各府省の縦割り権限と地方自治体の地域割りを越えて、東北地方の最適な姿を実現するものである。

現在の日本のかたち（地域制度）は、明治以来の中央集権型府県制度の器に、規格大量生産を目指す「東京一極集中機能」を詰め込んだものである。このかたちは、がむしゃらに規格大量生産体制を目指すのには役立った。だが、今や重い鉄兜《てつかぶと》のように日本の頭脳を締め付けている。

繰り返すが、福島原発事故で日本国中が放射能汚染されたように全世界が思い込んだのも、日本からの情報発信が東京一極からしかないためだ。中国でも東南アジアでもヨーロッパでも、「日本は東京を中心とした小さな国」と思い込まれている。アメリカの知人に「日本はキューバより広い」と納得させるのに、三十分の説明と二枚の地図が必要だった。それぐらいだから、日本文化の多様性や日本観光の楽しさを拡めるのは容易ではない。

日本を世界に通用する多様な国にするには、この度の復興からはじめるのが妥当である。そのためにも、各府省の縦割り権限と地方自治体の地域割りを越えて、「最良施設の最適配置」を実現する権限と実施能力を持つ「東北復興庁」を設けることである。政府はこれに一定の資金（例えば総額十兆円）を与え、配分と実施方法は復興庁に任せるべきだ。

関東大震災のあとには「帝都復興院」が設けられ、内務大臣だった後藤新平がその総裁に就いた。後藤は当時の国家予算の四三パーセントにも当たる五億七千五百万円の予算を握ると共に、東京の地主に一定割合の土地を提供させて道路や公園を造った。地主は面積は減ったが広い道路に面した区割りを得た。

こうしたことには、当時も各官庁や枢密院から強い批判があった。それでも後藤はやり抜けた。それだけの人材と権限と予算が与えられていたからである。

規模と性格は異なるが、予算を与え実行を委ねた例には一九七〇年の日本万国博覧会がある。政府は百九十二億円の助成金を国庫より出し、その実行は石坂泰三（経団連会長）を総裁とする日本万国博覧会協会に委ねた。ここで監督官庁の通商産業省（現・経済産業省）の役割は、情報やアイデアの提供と政府出展、そしてその他の省庁からの口出しを防ぐことである。

この結果、丹下健三、岡本太郎、伊藤邦輔の各プロデューサーが自由な発想ができたし、六千四百万人の観客を集め、膨大な黒字（利益）を出すこともできた。丹下健三の「お祭り広場」や岡本太郎の「太陽の塔」が実現し、若手の建築家やデザイナーも存分に腕が揮《ふる》えたのである。

今次の東日本復興も同様、全体を見渡す「東北復興庁」に全権を委ね、国会と内閣が監視する体制を立てるべきである。

もちろんこれは、各府省の権限を凹ますことになるので、官僚たちの大反対に遭うだろう。復興庁の中でも各県各市町村の奪い合いが生じるだろう。それをはねのけるのが国会と内閣の役割である。

◎「地域主権型道州制」への経過点に

こうした機関（復興庁）を作るとなれば総裁人事が難しい。その条件は三つ、政治的に不党派で、実務経験があり、明確なビジョンを有する人物であることだ。できれば東北地方に土地勘のある人が良い。成功した実業家なら最適である。

官僚ＯＢは、他省の反発が強いので避けるべきだが、政治経験者でも悪くは無い。但し、総裁に就くには議員を辞職して政治的野心の無いことを示すべきであろう。

「帝都復興院」総裁となった後藤新平は、医師出身の衛生官僚だが、就任時には山本権兵衛内閣の内務大臣で六十六歳、当時としては十分高齢だった。それだけに「今後政治的野心を持たず」というのも信用された。事実、後藤は復興院総裁を退いたあとは、青年団運動や放送事業の立ち上げなどに注力、政治的野心は示さなかった。

与野党協力して、信頼できる人材を探すべきである。

「東北復興庁」は三、四年の時限機関とするが、この組織と機能は、道州制の「東北州」に移行すべきだ。

世にいわれる「道州制」には、全く異なる二つのものがある。

一つは、一九六〇年代から言われてきた「府県合併型道州制」。現行の都道府県は地域が狭過ぎるから地方別に合併、広域行政が行えるようにしよう、というものだ。府県にとっては大変化だが、国の形はさしたる変化がない。官僚主導の政府機関はそのままであり、東京一極集中も変わらないだろう。

もう一つは「地域主権型道州制」。府県を地方毎にまとめると共に、産業政策や公共事業、教育、通信などの内政は道州に託すというものだ。従って国の官庁としての経済産業省、農林水産省、厚生労働省、文部科学省、国土交通省の五省と総務省の旧郵政部分は廃止、道州間の調整に当たる部局が残るだけになる。

国は、国家本来の機能である外交、防衛、通貨管理とマクロ経済、それに国家的巨大プロジェクトなどに集中する。国家公務員は三分の一ほどになり、多くは道州庁に移る。国税は全体の三割、市町村税と道州税が各三割、残り一割は道州間調整財源にする。

地域主権型道州制では、規格大量生産のために設けられた全国一律の基準は廃止される。「小学校の教室は天井高三メートルにして必ず南側に配置せよ」とか、「国道は必ず二車線以上、過疎地の山岳地を貫く道も山肌を削って二車線は造れ」などという全国基準はなくなり、各道州毎に基準を作るか市町村に委《まか》す。そうすれば、各地方の実情に適した施設と方法が採用されるだろう。

◎復興の三本柱——地域、文化、産業

さて、「東北復興庁」はどんな組織と機能が要求されるだろうか。まず、首長（総裁）下には、①公共事業と地域コミュニティの再生、②教育と文化の確立、③産業、経済の振興の三部門（本部）が必要である。

復興事業においては道路、水道、電力、鉄道などの公共施設の再建が急がれる。また、被災者が住む仮設住宅から本建築への展開も早くしなければならない。復興院にはまず、この仕事を担当する部局「地域再建本部（地域本部）」が必要である。

ここは単に道路や建物を再建するだけではなく、新しいコミュニティのあり方をも打ち出さねばならない。

十六年前、私も委員として参加した「阪神・淡路復興委員会」でもまずこれを第一の任務

として、急速に復興を進めた。その結果、約十年で人口は旧に復し、商業活動も元に戻った。多くの場所では道路が拡幅されて、建物は鉄筋コンクリート造りになり高層化した。だが、復興はハードウェアに片寄り、地域の特色を出すまでには至らなかった。

復興委員として私は、「あと一割（三千億円）追加支出して『神戸ハイカラ文化』を再生する名所とイベントを作るべきだ」と主張したが、「焼け太りは許さず」の方針厳守のために通らなかった。実現できたのは民間の援助による鎮魂の光祭「ルミナリエ」だけである。

官僚主導の下では、ハードウェアは再建できても、誇りと楽しさは創造できない。神戸の復興でも東京発信の官僚規格の発想が強かったのである。

◎「歩いて暮らせる街」造りを

新しい街造りには、明確なビジョンが必要である。省エネルギーと地域コミュニティの強化を兼ねて、「歩いて暮らせる街」を目指すべきだろう。

「歩いて暮らせる街」は、二〇〇〇年に森喜朗内閣で私が提示した概念である。半径一キロメートル以内に、職場も住宅も商店街も学校も医療機関も娯楽場や飲食店も行政サービス機関もある街にする、というものだ。

ここに住む人々は歩いて通勤通学し、買い物も医院も飲食娯楽も歩いて行ける。電車や自動車に乗るのは一週間に一回ぐらいで済む、というのである。最近はこの概念を「コンパクトシティ」の名で実現しようとする動きが青森市などにも現れている。

これは「戦後日本」が進めて来た都市政策や産業政策とは逆である。それだけに各府省から猛反対を受けた。各府省は総論では「賛成」といいながら、各省の権限に関わるところでは抵抗する。

例えば、文部科学省は、

「学校の周囲一定距離では酒類の販売は禁じている。これだけは守って頂きたい」

という。厚生労働省は、

「病院の周囲にはパチンコホールなどの遊技場は禁止している。これは譲れない」

と頑張る。何よりも国土交通省は、

「住宅専用地区、工業地区、商業地区などの線引きは守らねばならない」

と主張する。

日本の都市計画は、住宅地区と学園都市と商業地域と工業地域を区分する古い思想にとり付かれている。このため、日本には作業場付きマンションは原則禁止、居住用の証に台所と浴室を設置することになっている。

古くからある商店では二階が住居、町工場では工作場の奥が居住場所、といったあり様が普通だった。ところが戦後はそんなものが混在する「下町」は「悪しき古い街」ということになった。商店主や工場主が通勤者の隣人と語り合って暮らした「三丁目の夕日」型の街は全否定されたのだ。

また、パリやニューヨークには多いアトリエ付きマンションも、許されていない。マンションをデザイン事務所や縫製所にする実例は多いが、それに適した大型エレベーターは設置されていない。

「歩いて暮らせる街」の実現のためには、各省府の権限意識を超えると共に、建築規制を現在の用途規制から環境規制に変える必要がある。つまり、この地域で「○○デシベル以上の騒音を出してはならない」「△△以上の臭気や煙は出してはならない」と定めるのである。製造業であれ、サービス業であれ、居住や社交であれ、それを超えなければよいのだ。

一九七〇年頃までの日本では、地域社会が機能していた。住民相互の情報交換もあれば、地域の福祉もあった。消防団や青年団も機能していたし、村落や町内での孤老や孤児を援《たす》ける慣習もあった。

住民の善意にばかりは期待できないにしても、そんな部分も復活する街造りを考えてもよいだろう。

地域コミュニティは、固定したものと考えてはならない。行政官僚にはいつも変わらぬ住民がいる方が御し易いが、新しい住民が加わり店舗と行事の入れ替わるものでなければ活気も発展もない。拡大する地域もあれば縮小するコミュニティもある。土地の流動性を高め、ダイナミックな地域の鼓動を創ることが大事なのだ。

東北復興庁は三、四年の時限組織で、そのあとは「東北州」の母体となる。だからここに入る国家公務員、地方公務員、民間企業からの転職者や新卒者は、将来東北州職員になるつもりで来るべきである。単身赴任の「東京人」よりも、その地で買い物をし、子供を育て、医師にもかかる。それでこそ地域の現実が分かるのである。

もちろん、東北以外の地域でも広域府県連合などを組織して、前記六府省の権限を引き継ぐ組織と人事を用意する。三、四年の間に権限と財源を地方に、公共事業や学校教育の権限を道州に譲り、権限と予算を地方分権化するのである。

◎東北に「文化首都」を

「東北復興庁」の第二の仕事は、教育文化である。「東北復興庁」には、第二の部局として「教育・文化本部」を置く。

「死者が多数出、被災者が苦しい生活を強いられている時期に歌舞音曲などは自粛すべきだ」という人もいるが、それは感傷論に過ぎない。被災地を元気付けて人心を明るくするためにも全国の活気を呼び、失業者を減らすためにも、急いで文化と娯楽と観光の振興を図らねばならない。

今年の後半には、東北の伝統的な行事を盛大に復活すると共に、新しい鎮魂の行事をも加えるべきだ。阪神・淡路大震災から十一ヵ月目の一九九五年十二月、震災への鎮魂をかねて企画開催された神戸新名物の光祭ルミナリエのことは前述した。

東北には仙台七夕、青森ねぶた、秋田竿燈《かんとう》など全国的に有名な行催事がある。福島原発に近い南相馬市の「相馬野馬追」も千年の伝統を持つ有名行事だ。

これに加えて、もういくつかの全国的世界的名物になる行催事を企画実現すべきだ。このことは、単なる人集めや一時的商業活動だけではなく、将来の東北の位置付け、全国世界に与える心理的経済的効果の点でも重要である。

イベントは一時的なものであってはならない。繰り返し行われることで来年の出し物を用意し、将来のために技術が進むのである。ＬＥＤやロボットを使った「二十一世紀の伝統行事」を興して名物にするのも一案である。

イベントは、はじまりである。肝心なのは、それを「文化都市」に発展させることだ。

日本の文化は、戦後官僚の圧力ですべて東京一極集中に集められた。一九五〇年代は「スポーツも東京に集めよ」との主張があり、「国体問題」として新聞を賑わせたことがある。

「国民体育大会の開催を毎回東京に固定することでアマチュアスポーツの中枢はすべて東京に集め、東京に体育英才教育施設を設けて官僚の管理下に置く」というものであった。

一部官僚の推進したこの案は、全国知事会や国会議員の反対で流れたが、その思想は根強く、二十一世紀に入ると東京都北区に数百億円を費やしてアマチュアスポーツのトレーニングセンターができた。

ここ二十年ほどの間に、日本のスポーツ界から個性的な選手やコーチが消え、オリンピックやアジア大会でのメダルの比率は減少している。官僚主義では天才を育てられない。

規格大量生産時代は終わった。これからは多様な個性を育てる知価社会、文化発信源も分散し、各地に「これならウチが一番」「これで世界から客が呼べる」という得意文化を選んで「文化首都」を作るべきである。

諸外国には特定の産業や文化で「国一番」「世界一番」といわれる「産業首都」「文化首都」がいくつもある。アメリカでいえば、自動車産業はデトロイト、農産物取引はシカゴ、ゴム産業はアクロン、ＩＴ産業はシリコンバレー（カリフォルニア）、映画はハリウッド、古典ジャズはニューオリンズ、草の根（グラスルーツ）音楽はテネシー、そして交響楽団はボストンなどが第一番とされている。

ドイツでも政治の首都機能はベルリンに移ったが、金融や証券取引はフランクフルト、連邦憲法裁判所はカールスルーエ、絵画はミュンヘン、自動車産業はニーダーザクセン州にフォルクスワーゲンの本社がある。人口十万人以下のバイロイトで開かれるワーグナー祭は全世界的名物だ。ワーグナー自身の設計による記念劇場が今も健在である。

イタリアでも、経済とファッションはミラノ、自動車はトリノ、政治と観光はローマ、と機能分担がなされている。造形美術ではヴェニスのビエンナーレが有名である。

パリ一極集中の著しかったフランスでも、パリの経済的地位は低落、大企業のパリ離れは進んでいる。シカゴのボーイングと大型旅客機の世界市場を二分するエアバス社の本社は南仏のツールーズである。

今やヨーロッパでは通貨は統一、労働は移動自由、国境を越えた都市間地域間競争が盛んだ。日本もそんな時代を意識して分散型の文化政策を立てなければならない。東北の復興に当たっても、いくつかの「文化首都」を確立すべきである。

例えば仙台を「交響楽の都」にする。このためには完全なシンフォニーホールと練習場を造り、音楽大学を設ける。できることならNHK交響楽団の本拠地を仙台に移し、年間六回ぐらいは全国ツアーを、一回は国際ツアーをできるようにする。つまり、交響楽で身を立てようとする青少年は仙台に出るのが一番、といわれるようにするのである。

恐らく交響楽団ほどの大型文化なら全国に三ヵ所ぐらいは「超一流」があってもよい。だが、それを育てる都市は他の文化では一流になることを諦める。「何もかも一揃え」という規格大量生産型の発想は止めなければならない。

同様に、他の東北都市でも、特定の文化、スポーツの首都を目指すべきだ。石の彫刻でも、マイナーなスポーツでも、大道芸でも、電子ゲームでもよい。「これなら日本一、世界に通用する」街を目指すべきである。

東北復興庁教育・文化本部は、実現可能なメニューを提供、それに要する筋道と完成予想図を丁寧に説明する。

ある文化で「首都」を目指すということは、他の分野は「特には伸ばさない」ということでもある。その意味も地域住民には十分に理解してもらう必要があろう。

もちろんこれは東北に限ったことではない。関西にも、東海にも、中国や九州にも、全国一を目指す「文化首都」を育てるべきだ。

例えば交響楽は仙台と大阪、歌舞伎は東京と京都、アイスダンスは名古屋と札幌、シンクロナイズドスイミングは堺と沖縄、現代美術は福岡と神戸、といった具合である。

既に、福岡の現代美術のアジア美術トリエンナーレは、世界に知られている。多くのアジア人芸術家を世界に出しており、フランスやイタリアではかなりの評価を得ている。このことを一番知らないのは日本人、特に東京の人々かも知れない。

3 経済復興は「好き好き開国」で

東日本大震災の復興の第三の、そして何よりも重要なのは産業経済の復興、振興である。もちろん、東北復興庁には産業振興や財政金融の本部が必要だが、国全体のマクロ経済政策がより重要になる。

日本経済は、一九九〇年頃を頂点としてこの二十年間は下り坂を辿っている。特に二〇〇八年の世界金融危機（リーマン・ショック）では、どこの国よりも深く傷付いた。輸出が減少し、企業の利益は低下、国内の設備投資が劇的に減少した。世界金融危機は弱り目の日本経済に厳しい祟《たた》り目になったのである。

そんな不況からようやく抜け出したその出端《でばな》に生じたのが今回の災害、それも原子力事故を伴う最悪の形になってしまった。

この二十年間にも変動はあったが、大勢としては①人口の停滞（低成長）、②物価と所得の低下（デフレ）、③円高低金利、④財政赤字、⑤規制の強い固定社会、の五方向が進んで来た、といえる。成長力を失った官僚主導社会の行き詰まりというべきだろう。

今回の復興では、この傾向を根底から改めなければならない。

◎様々な被害――設備、電力、外国人労働者

日本経済はいろんな角度から打撃を受けた。

第一は、供給（生産）面での打撃である。東日本では生産設備が破損した。農地の冠水や家畜の放棄など悲しいでき事が多い。水産業は漁船と漁港が大量に破損、加工蓄蔵の施設も多く失われた。

製造業では、工場施設の破損や電力と輸送の停止で多くの工場が運休、日本全国ばかりか全世界に部品不足を呼び起こした。

特に日本の製造業は、組み立て側の元請け企業と部品供給の下請け会社、孫請け会社が強い絆で結ばれている。これは技術協力や納期短縮の利点があるが、代替品の手当てが外国以上に難しいという欠点にもなった。このため東北地方の被害が全国の生産を著しく減少させた。特に部品供給の連鎖（サプライチェーン）の長い自動車産業などは、三月の生産が五割以上も減少している。

この状況は、四月に入って東北地方の工場再開や西日本などでの代替生産によって緩和されてはいるが、在庫部品の払底で一層厳しくなる側面も出て来るだろう。

被害の第二は、電力不足である。地震と津波で発電所が被災、東京電力の最大供給能力が二割も低下した。

電力は供給を上回る需要が出ると、電圧が下がり広域停電の生じる危険がある。それを恐れて東京電力は、三月中旬、供給地区を区分けして計画的に電力供給を停止させた。その時は「この夏の最大供給能力は四千五百万キロワット、それに対して昨年八月の需要ピークは六千万キロワット、二五パーセントも不足するから計画停電は必至」といわれた。

その後、停止中の火力発電の再開や他事業会社の自己発電からの電力購入、西日本からの融通など八方手を尽くして五千二百万キロワットまでは確保、昨年並のピーク需要に比べて一五パーセントの節約があればよい、ということになった（29頁、第1図）。

はじめに厳しい脅しをかけて、そのあとは「努力と善意で危機が緩和された」というのは、官僚主義者の常套手段である。戦前に陸軍は、「二・二六事件」でも日中戦争でもこの手で自らの失敗を権力強化の梃《てこ》に転化したものだ。

一方、東北電力でもいくつかの発電所が破損したが、需要先の工場などの破損停止が大きく、供給不足にはならないという。

そんな騒ぎの最中の五月六日、菅総理大臣は、中部電力の浜岡原発（静岡県）の三台の原子力発電機を「津波対策の防潮堤ができるまでは運転を停止するように」と要請した。「今後三十年間に震度六以上の地震の起こる可能性は八七パーセント」という一部地震学者の予測を受けての行動という。もっとも地震予知学会の報告では、浜岡の地震可能性は八四パーセントだが、福島はゼロパーセントだった。地震予知は未熟な段階らしい。

それはともかく、菅総理の要請で、中部電力は約三百六十万キロワットの発電力を失った。中部電力の発電能力は約二千九百九十万キロワット、これに対して昨年夏のピーク需要は二千五百六十万キロワット、四百三十万キロワットほど余力があった。しかし、浜岡原発の三～五号機を止めると、休止中の旧式火力を動員してもぎりぎり。燃料用の石油や天然ガスの手当ても急がねばならない。

中部電力としては利益予測が吹っ飛ぶ事態だ。東京電力があてにしていた「西からの移入」百万キロワットも「なし」になる。

比較的新型の浜岡原発三～五号機まで止めるとなれば、他の原発——関西電力や中国、九州の原発にも反対運動が強まるだろう。菅総理は「浜岡以外の原発は停止を要請しない」と発言しているが、その区分線引きには十分な説明が要る。

第三の問題は、外国との関係だ。ＬＮＧ（液化天然ガス）など輸入拡大が円滑に行くか、部品の輸入ができるか、輸出は続くか、外国人労働者を呼び戻せるか、である。

昨年はじめから資源や食糧の国際価格が高騰、日本経済にも圧力がかかっていた。中国やインドなど新興工業国での需要増加が主な理由だが、農産物では天候不順も影響している。

世界の国際商品市場は、金融市場に比べてはるかに小規模。金融市場の短期資金の一パーセントが流れ込んだだけで石油や小麦は暴騰する。二〇〇五年以降の商品市況の乱高下には、そんな事情も関係している。

日本にとっては幸いなことに、五月に入ると高騰していた商品市況が緩み、石油も一バーレル百ドルを割り込んだ。これが長期に続くなら、資源食糧の供給不安はなくなるだろう。

もう一つ、外国との関係で供給ネックになったのが、外国人労働者の大量出国。原子力事故による放射能を恐れてのことだ。一種の風評被害である。

前章にも記したが、震災の直前には約六十五万人の外国人労働者が日本で働いていた。だが、原発事故の直後にはその半数以上が国外に逃げ出した。幸いこの動きは一ヵ月ほどで止まり、五月に入ると大半が旧に復した。それでもこの事件は、日本が外国ではどう見られているのか反省材料になる。

◎インフレかデフレか――最悪はスタグフレーション

さて、ここからインフレ論とデフレ論とに見方が分かれる。

インフレ論者は近い将来、供給不足需要過多で好景気となり、物価は上昇するという。「供給力の低下した中で政府が膨大な復興事業を行う。企業も個人も設備や住宅の修復に投資する。だから需要過剰供給不足になって物価の上昇を招く」というのである。

この前提には、①政府の復興需要は大きく適切な有効需要となり得る、②企業は日本の生産設備の復興に多額の投資をする、③個人消費などはさして減らない。むしろ住宅の再建や家財の購入などで個人支出も増える、との条件がある。中でも期待の大きいのは政府支出の復興需要である。

阪神・淡路大震災の場合は、ほぼこの方向に進み、震災後二年半は好景気が続き、株価は大幅に上昇した。その反面、震災後三ヵ月を過ぎると円安が進み輸出が伸びた。アジア諸国の製造業が未成熟で、日本のライバルが少なかったからである。

一方、デフレ論の根拠はこうだ。①今次の災害と電力不足で輸出は大幅に減る、②個人消費も自粛ムードと所得減少で減退する、③企業は被災施設の再建よりも海外へ生産設備を移す、④政府支出の復興需要はあるものの、その量と速度はあまり期待できない、というわけだ。結果として日本の需要は減少、景気は長期低迷となり、円高傾向は長期間続くと見るのである。

いずれが正しいか鍵を握るのは三つ。①政府の復興需要が道路修理や仮設住宅に留まらず、広範な需要を誘発するものか、②企業が設備や機能を外国に移さず、日本で再建するか、③個人が明るく消費を拡げるか、特に高級品や観光娯楽などの分野にも支出を続けてくれるか、である。もちろん外国の市場への日本からの輸出が続き、外国人観光客も早急に回復することも大事である。

五月の現状はまだいずれともいい切れない。明るい兆しはゴールデンウイークの人出が予想以上に多くて、消費に回復の兆しがあることだ。暗い予感は政府のもたつきと輸出の減少、それに電力不足が招く自粛不況である。

最悪の予想では、政府の支出が人気取りに流れて有効需要とならず、消費は自粛不況で減退、企業は規制の厳しい日本に見切りをつけて海外に流出、観光業や飲食業は閉店が増え、失業者が世に溢れる。失業対策や生活保護に費用がかかって「増税止むなし」となり、ますます企業の流出がひどくなる。輸出の減少で国際収支は悪化、円安物価高になるが需要は伸びない。不況の中の物価高、いわゆるスタグフレーションである。これに財務官僚の期待する消費税の引き上げが加われば、最悪の需要減少を招くだろう。

一見、正義感に準じたように見える政策の積み上げが、全体としては日本を貧乏国に陥れる可能性もあるのだ。

こうした「ジリ貧型」のダメ押し不況を避けるためにも、今こそ大胆な大改革が必要である。その第一は「開国」。それも明治維新政府や戦後新政府が行ったような「好き好き開国」である。目前のテーマでいえばＴＰＰ（環太平洋経済連携協定）への早期参加である。

◎「厭《い》や厭《い》や開国」から「好き好き開国」へ

現在の日本は「開国」している。貿易も多いし、外国人の出入りも盛んだ。だが、それは「厭や厭や開国」。幕末井伊直弼《いいなおすけ》大老が行った開国に似ている。井伊大老は欧米の圧力に押されて開国したが、外国の影響を最小に抑える政策を採った。「外国は恐ろしい」との風評を流したのだ。

この国では今も「外国は恐ろしいもの」「外国人は測り知れない人々」という考え方が流されている。そのあり様は徳川幕府の末期、安政文久の昔とほとんど変わらない。

明治維新政府は態度を一変、「外国人は進んだ人々、美しく格好いい」と宣伝した。外国の文物を取り入れ、外国の技術や制度を学ぶに当たって、まず外国人に対する見方を変えた。

明治のリーダーたちは、自らザンギリ頭にし、外国人風の髭《ひげ》を蓄え洋服を着てダンスを習った。好んで洋食を喰《く》い、海軍ではパン食を、学校では椅子式を採用した。何でも外国に習う「好き好き開国」になったのである。

明治の日本は第一次世界大戦頃までは外国好きだった。大正のモダンボーイ、モダンガールはアメリカに憧れ舶来品を求めた。ところが昭和に入ると、陸海軍の主導で反米英感情が募り、やがて「鬼畜米英」になる。陸海軍の権力増強に利用されたのである。

昭和のはじめ、海軍は「対米七割」の軍艦が必要と主張していた。アメリカを仮想敵国とすることで軍備の増強と組織の拡大を目指したのだ。陸軍は「満蒙はわが生命線」と称して中国侵略を正当化していた。権力拡大のためにそんな説をでっち上げたのである。

しかし、その後の歴史を見るとどちらも大嘘だったことは明らかである。官僚の規制論者は必ず外国を厭《いと》い、交流を規制したがる。そのために外国を悪意ある恐ろしい者に仕立てる。それが「厭や厭や開国」である。

この結果、一九三〇年代には反米英思想が広まり、太平洋戦争中は「鬼畜米英」などといい、英語を排斥するなどした。ところが、敗戦後は一変、「アメリカ大好き」の宣言をした。このことが日本の戦後復興と西側同盟への参加に大いに役立った。日本国民が反米孤立主義の道を選ばなかったのは、「アメリカ大好き」の文化的流行があったからである。

戦後日本も冷戦の終結と共に「厭や厭や開国」に傾き出した。農水省は食糧安全保障を唱え、経産省は石油自主開発を掲げた。外国企業を「ハゲタカ」と呼び、外国人労働者の流入を厳しく制限した。

日本、特に官僚や独占企業は傲慢になった。改革や進化を拒んで自らの主張を絶対化し出した。日本の経済と技術に対する過剰な自信と、その裏返しともいえる独善的孤立主義がはじまったのである。

二十一世紀になると、建築基準法や道路交通法から金融商品取引法まで日本独自の規制が強化された。携帯電話機やパソコンでは日本独特の市場環境を設け、断絶した技術を育てた。他には見られぬ製品に向かって進化する「ガラパゴス現象」である。日本の専門家だけで規制市場に合わせた開発を進めた結果だ。

戦後の日本は「安全、平等、効率」を正義とする。特に近年は安全第一だ。それでいて災害時の被災は多い。官僚の独善と傲慢のせいだ。今回の原子力事故もその一つである。

日本は「ロボット大国」を自任していた。だが、技術者の自己満足に陥り、あまりにも繊細な技術に走り過ぎた。その結果、福島原発事故ではアメリカのロボットに頼らざるを得なかった。超ベテランパイロットとエリート技師だけで開発した「ゼロ戦」と同じく、「想定した条件」でしか有効でなくなっていたのである。

東日本大震災の復興には、官僚的傲慢さを捨てねばならない。それにはまず「好き好き開国」を徹底、「新しい日本」を追求することである。

◎農業は量的保護より高級化

今、二〇一一年こそは「好き好き開国」のチャンスだ。ＴＰＰ（環太平洋経済連携協定）がアメリカなど九ヵ国で締結されようとしている。まず日本は進んでこれに参加、協定の策定に加わるべきだ。どんな組織でも「創設会員」の地位は重要である。

ここで問題は農業だ。今こそ日本の農政を改め、成長性のある産業にしなければならない。現在までの農業政策は量的拡大、カロリー換算による自給率の維持向上を目指すもので、その発想は終戦直後の食糧増産時代と少しも変わっていない。せめてそれを欧米諸国と同じ「市場価格自給率」に変えるべきである。

日本の農業の生きる道は、輸入制限でも所得補償でもない。「政治は経済ほど信用されない」といわれる通り、政治で保護された産業には有意の若者は入らない。農業の成長する道は、高度化高級化しかない。

物財の量よりも満足の大きさが重視される知価社会では、食の満足は大切である。美味しい食事、評判の高い食材には高額が支払われる。美味で有名になれば高くとも売れる。フランスのワインは量産品でも一本五百ｃｃが五百円から五万円まで、百倍の価格差がある。高級食品を作るためには製造技術だけでなく、ブランド創りのマーケティングも大事だ。

日本の果実は既に評判が高い。お米にも独特の評価がある。日本食ブームを利用すれば高級品として売れるだろう。商社や広告代理店の利用、農業協同組合の国際商社化をも急ぐべきである。

私は二〇一〇年上海万国博覧会に民間企業連合の日本産業館を出展、高級和食店やタコ焼き店をも営んだ。一食四万円の和食も一皿三百五十円のタコ焼きもなかなかの好評、日本の食材には自信を得た。

これからの復興に当たって農業水産業のブランド化を図るべきである。それこそが日本全体を知価社会化する道である。

◎人的交流の拡大——外国人労働力を活かそう

「好き好き開国」のもう一つの重要要素は、外国人労働力の活用である。近年「日本は出生率が低く人口は減少する。これでは経済が成長しないのも当然だ」という人口論的悲観主義が拡まっている。だがこれはとんでもない間違いである。

現在、日本の合計特殊出生率は一・三七。どん底の二〇〇五年（一・二六）よりはやや回復している。実は韓国、香港、シンガポールなどは日本よりはるかに低い。それでもこれらの国や地域の経済が成長しないといい切る者はいない。外国からの移民や留学生の帰国で有能有志の人材が集まるからである。

人口と経済の関係は歴史的にも様々である。例えば十五世紀のイタリア。一三四〇年にはイタリア半島の人口は九百三十万人だったが、一五〇〇年には五百五十万人に減っていた。気候の寒冷化やペストの流行で百六十年間に約四割近くも減ったのである。そしてその間にこそルネッサンスの花が開き、イタリアの経済と文化は大いに発展した。

理由は簡単である。人口が減少すると生産の低い土地は捨てられ、みなが生産性の高い土地や都市に集中した。その結果、一人当たりの所得は増え、工芸品や絹織物を買う余裕ができた。祭りも盛んになり教会の建立も増えた。その結果、ミケランジェロやダ・ヴィンチが絵筆を揮《ふる》うような文芸が花開いたのである。

しかし、全ての地域がそうではない。同じ期間にドイツでは人口が千百万人から七百万人に減った。ところがここでは封建領主の力が強く、農民を土地に縛りつけて移動を禁じた。このため生産性の低い土地が耕され、都市の方が衰退してしまった。ドイツの経済は貧困化、やがてその不満がドイツ農民戦争（一五二四〜二五）となって爆発する。

要するに人口の減少が経済にどう影響するかは、労働移動のあり様で決まる。これから少なくとも三十年ぐらいは日本の人口は高齢化と減少が続くと見られる。その中で日本が経済文化の繁栄を保ち、世界に尊敬される国であるためには、外国人労働力を活用する「好き好き開国」に向かわねばならない。

発想の転換、新しいコンセプトの創設が急がれるところである。

◎日本の文化と人事の幅を広げる

外国人労働者の移入には異論も多い。その一つは「外国人を入れる前に女性や高齢者を活用せよ」というものだ。

もちろん、女性や高齢者の活用は大切だが、人それぞれに適職があり、希望がある。女性や高齢者が肉体的重労働にも就かねばならないとすれば悲惨である。

また、外国人を移入するのなら高度技能者や経営者に限れ、という説もある。それでは組織の上層部は外国人、下働きは日本人という歪《いびつ》な社会になってしまう。日本に不足するのは「3K職場」、厳しい肉体労働である。

何よりも重要なことは、外国人労働力の移入の効果は労働力不足を補うだけではない、ということだ。それ以上に重要なのは、日本社会に多様性を加え、人事と文化の選択の幅を広げることだ。また、日本で働いた経験者が諸外国で増えることも日本の経済と文化の普及に役立つ。日本人の方の思考も多様化する。グローバル化する時代には大切な点である。

これに対して、「外国人が増えると、社会秩序が乱れ犯罪が増える」と警戒する声も多い。実は、これこそ「厭や厭や開国」。事実よりも宣伝と感情で作られた誤りである。

外国人の犯罪率が高いのは事実だが、それは劣悪な社会的経済的環境に置かれた人が多いからだ。日本人でも劣悪な環境に置かれた人々の犯罪率は高い。むしろ、外国人にも住み易い社会的条件を整えるべきである。日本は今、身分化、硬直化が進み、規制の厳しい住み辛い世の中になりつつある。

４好老文化は「官僚身分」の廃止から

東京電力福島原発で作業する人々の生活環境の劣悪さについては前述した。その状況は五月はじめのテレビ報道でもさして変わっていない。せいぜい食事が配達弁当になるという程度である。

五月現在、福島原発には千三百五十人ほどの人々が働いているが、その大部分は下請け会社や孫請け会社の社員とそれが募集した短期の契約の雇用者である。

東京電力は各地に立派な社員福利施設を持つ「社員重視」の企業だ。ところが、それを利用するのは専ら正規の社員かせいぜい子会社まで、下請け、孫請け、そのまた短期契約の雇用者とは縁遠い施設になっているらしい。そこにはある種の「身分」感覚さえ窺える。

◎「身分化」する正社員――変化できない日本の組織

東京電力に限らず、官庁や大企業には正規社員と臨時の期間雇用や契約社員の間に、給与や待遇の上での格差が大きく拡がっている。

一方は年功賃金、終身雇用に守られた「身分」の正社員があり、他方には低賃金の中小零細企業の社員がいる。そしてその他に派遣や契約社員の形で日当払いの収入も不安定な勤労者がいる。そこには越え難い格差ができている。

かつては後者の多くは兼業農家や農村地帯からの季節出稼ぎで占められていた。給与の低さや収入の不安定さも「故郷の農業」によって補われていた。一九九〇年頃「戦後日本」の絶頂期にはこの間のバランスが保たれており、意識の中で「一億総中流」といわれたのだ。

ところが、九〇年代に入ると国際情勢の変化で、日本の農業保護は制約される。古い食糧増産型政策に固執する農林水産省は、農業の大規模化と専業農家の育成に走り、兼業農家は減少、故郷に拠点を持たない短期就業者を増やすことになった。その中の一部は都市に流出、インターネット・カフェに泊まり歩くワーキング・プアと化したのである。

一方において低い待遇の流動的勤労者が増えると、終身雇用と年功序列に乗った人々の地位は既得権化し、正社員が身分化してしまう。既得権に頼る者は傲慢であり臆病でもある。それだけに経営は変化に対応できずに硬直化してしまう。

実際、日本社会の人事運用は硬直化し、社会全体に「身分格差」が拡がっている。官庁や大企業の幹部は生え抜き社員か特定の官庁や金融機関の天下り、途中入社や外国人は比率がきわめて低い。それればかりか海外の現地法人でさえ、幹部は本社から派遣された日本人正社員が多い。

現地法人の従業員には、日本から派遣された幹部たちの「東京志向」「本社一辺倒」を批判する声が多い。国際機関では、日本政府から出向した官僚たちの忠誠心と真面目さの欠如を非難する声もある。彼らの忠誠心と真面目さは、出向もとの東京の本省に向かっているのであって、現在勤務している国際機関には向いていないのだ。

日本社会は外国に向かって閉鎖的なだけではなく、各企業各職場が閉鎖体質になってしまった。その最たるものは幹部公務員、いわゆる官僚である。先述のように、今や官僚は「職業」ではなく「身分」になっている。

官僚（幹部公務員）の「身分」は「○○省△△年度入省のキャリア」であって、現在勤務している機関の職務ではない。

徳川幕府は武士身分の固定化で停滞した。明治日本は陸海軍の年功序列型将官身分制度の確立と共に衰退した。今、この「戦後日本」も官僚や大企業正規社員の身分化、他に対する格差意識で滅亡しようとしているのではあるまいか。

◎年金納付率の低下と生活保護の急増

官僚や大企業の正社員が特権化すれば、それに入れない人々の中でも倫理の低下が生じやすい。その現れが公的年金の保険料納付率の低下である。

年金保険料の納付率は、二十一世紀に入ると、その低下が問題となり、一時は大臣からＣ

Mタレントまでが非納付期間があったのが話題になった。

一方、厚生労働省でも納付記録の一部喪失などがあり、制度の未熟さが暴露された。それで一時は納付率の向上運動も行われたがあまり改善されなかった。厚生労働省では低収入や生活難を理由に「納付免除」を乱発、納付義務者を減らすことで見掛けの納付率を上げるようにしたのである。厚労省の倫理はここまで頽廃していたのだ。

ここ数年、それがさらに進む。納付すべき対象での納付率は二〇〇五年の六七パーセントから二〇一〇年には六〇パーセント以下に低下、免除者を含む実質納付率は四〇パーセント近くに低下している（第6図）。国民年金制度は崩壊寸前である。

二十一世紀になると、生活保護世帯が急増、二百万人に達する。生活保護は月額十三万〜十四万円（地域などで差がある）、真面目に働いて年金を掛け続けてきた人の老齢基礎年金は約七万円。これでは生活保護に走りたくなる人が出るのも不思議ではない。

その上、生活保護者は医療も無料。医院に通って睡眠剤をもらって闇ルートで転売する者もいることがテレビで放映された。

一方が特権身分にかじり付くと、それから外れた底辺でも倫理頽廃が起こるのである。

福祉は大切だ。だがその前提は国民共同の支え合いが成り立っていることだ。日本ではその精神が急速に失われているように見える。国民共同の支え合いの前提は、法の前の平等

第6図　公的年金の保険料納付・未納の状況

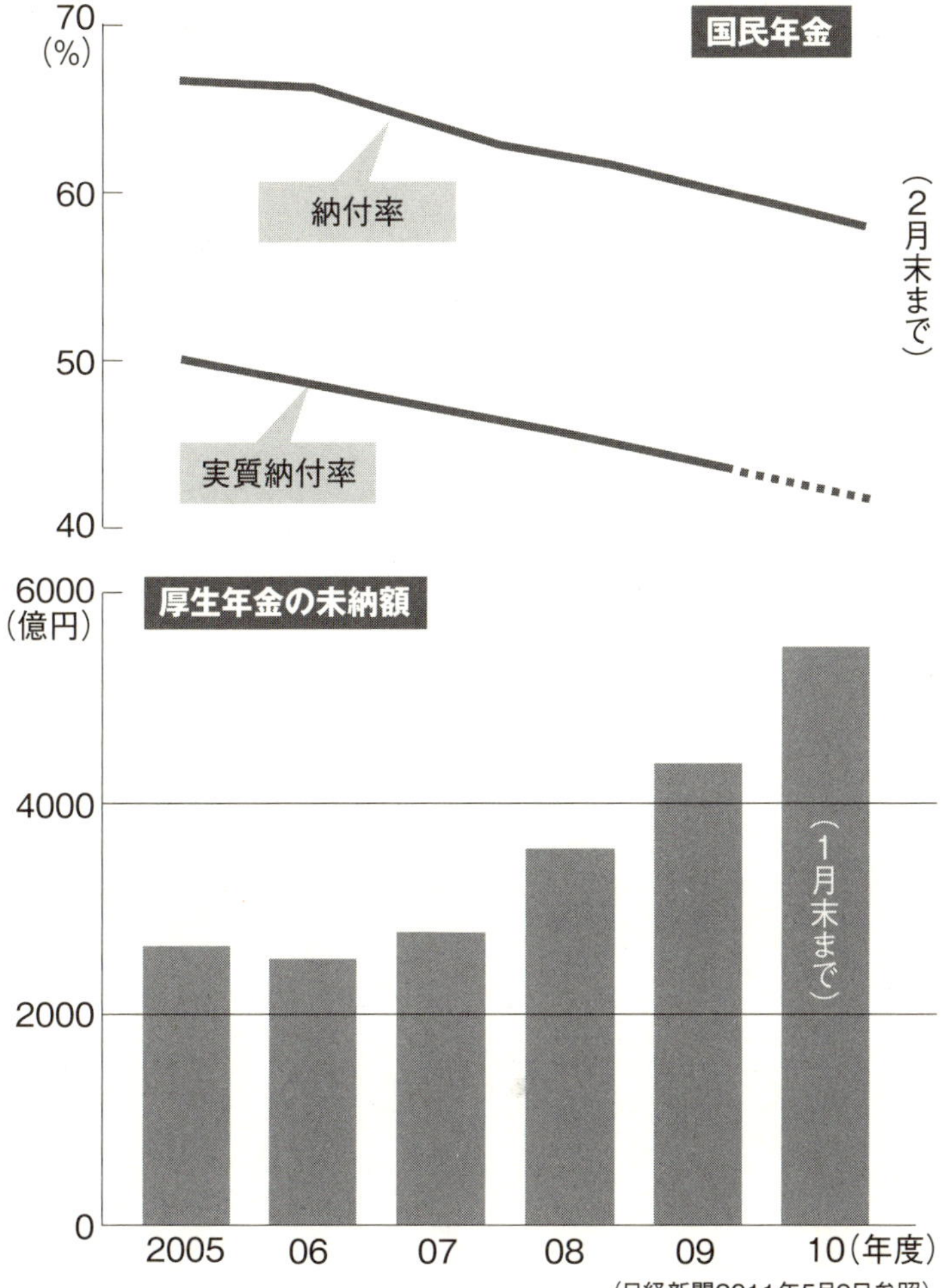

(日経新聞2011年5月9日参照)

と、機会の均等と、選択の自由である。

一方に「身分化」「利権化」が生じれば、他方には倫理の頽廃が現れる。これを官僚的な取り締まりでなくすことは、費用と人手の上でも不可能なばかりか、規制と検査の強い統制社会になってしまう。まずは上から特権身分制度を止めること、特にそれは国家中枢の官僚（高級公務員）から改正することである。

◎官僚を「身分」から「職業」へ

東日本大震災の復興に当たって是非とも実現せねばならぬことは、機会均等の自由社会の復活、入省入社の仕方で生涯に格差を生む終身雇用・年功序列制度にかえて、それぞれの働きに応じて適職を得、適切な賃金と待遇の得られる世の中に向かうことである。

そのためにはまず国家公務員、とりわけ高級公務員の制度から改めるべきであろう。

現在の高級公務員、いわゆるキャリア組は「△△年○○入省」という「身分」だけで昇進し天下り利権まで得る。その中で誰が最終ポスト（事務次官）まで残るのかは仲間内の評判で決まる。この慣習を改め政府の人事当局が全府省を根回しして適任者を選び、五年に一度ぐらいは二割ほどの不適任を降格または転職させるようにする。つまりキャリア公務員も入省時に得た資格で昇進する「身分」ではなく、勤務の能力と熱意で選ばれる「職業」にするのである。

これだけで、年々百人以上の幹部公務員が民間に出、ほぼ同数の民間人や研究者が官庁に入る。この新陳代謝が日本の人事慣行を揺るがし、利権的身分社会を変化させるだろう。

また、それによって人生再チャレンジの機会も増し、若中年層の起業精神も回復するだろう。沈滞した戦後日本を脱却清算するのは大変難しく見える。だが、膨れ上がった膿腫を潰すのは急所の一針、安倍・福田内閣の試みた国家公務員改革の理念と方法が、それを実現する。

それができれば、日本の富と施設と行政権限は適任者によって運用され、はるかに安全で効率的な社会が生まれるに違いない。

二百六十年も続いた徳川幕藩体制は強固に見えた。これを改めるのは不可能にも思えた。井伊大老の安政の大獄も一橋家（反主流派）から出た将軍徳川慶喜《よしのぶ》の大改革も無効に見えた。坂本龍馬らが主張した大政奉還が実現したあとも世の中は変わらないように見えた。

そんな中で、すべてを一変させたのは高杉晋作の奇兵隊、身分を超えた集団の出現である。官僚を身分から職業へ、この改革こそ新しい日本のはじまりになるだろう。

結び――まだ「終わりのはじまり」なのか

東日本大震災は「戦後日本」の「終わり」を告げる大災害である。不幸な天災に留まらず、原子力発電事故を誘発したのは、いかにも運命的である。戦後日本を特徴付ける官僚の基準の絶対性を否定し、資源多消費型の工業社会を揺るがしたからである。その意味でこれはまさしく「戦後日本の敗戦」である。

しかし、これで戦後日本が敗北を認めて変革するとは限らない。この「敗戦」にもかかわらず、「官僚主導、業界協調体制」の戦後日本を継続しようという勢いは強い。

徳川幕藩体制は、天保の大飢饉（一八三三〜三六年）以降二十年余の「下り坂」を歩んだ。やがてペリーの黒船が出現、幕府内部の政争も激化する。その挙句、一八六三〜四年に薩英戦争や四国艦隊下関砲撃で惨敗した。

それでもなお四年、ますます悪化する経済と国際環境の中で足掻《あが》き続けた。人々が敗戦を認めて改革に踏み切るまでには、苦悶の期間が必要だったのである。

日本の第二の敗戦、太平洋戦争の時もそうだ。第一次世界大戦の勝利で頂点を極めた明治日本は、その直後の戦後不況から「下り坂」に入る。関東大震災、昭和不況、そして国際的孤立と日中戦争の泥沼。その挙句の太平洋戦争。既に二十年の低落を経験していた。それだけに、ミッドウェー海戦で惨敗し、ガダルカナルの消耗戦で敗退した時には、敗北は明らかだった。だが、それを軍人官僚が認めるまでにはなお三年近くかかった。

今度も同じかもしれない。二十年の下り坂の末の大災害、最早戦後日本の敗北は明らかだ。官僚主導と業界協調体制は保てない。だが、この国の政治家や官僚がそれを認めて改革に踏み切るまでには、また何年もかかるかもしれない。

東日本大震災は、戦後日本の「終わり」なのか、まだ「終わりのはじまり」に過ぎないのか。現在の政治の曖昧さと官僚機構の頑強さ、そして従順な世論と国民を見る限り、後者のような気もしてくる。そうだとすればまた何年間か、日本は体制変革までの苦悶を続けることになるだろう。

しかし、そうであっても絶望してはならない。「戦後日本」を清算する時は確かに迫っている。そしてそのあとには苦しい復興を経て、全く新しい栄光への道が繋がっている。省資源、多様なコミュニティ、好き好き開国の知価社会、そして好老文化の幕開く新しい日本である。

私たちは、そんな日が一日も早く来るように叫び続ける必要がある。

堺屋太一（さかいや・たいち）

1935年大阪府生まれ。東京大学経済学部卒業とともに通産省（現・経済産業省）入省。通産省時代に日本万国博覧会を企画、開催にこぎつける。その後、沖縄観光開発やサンシャイン計画を推進。78年、同省を退官、執筆・講演活動に入る。98年7月から2000年12月まで小渕内閣、森内閣において経済企画庁長官をつとめた。予測小説の分野を切り開き、経済、文明評論のファンも多い。また、歴史小説にも定評がある。
主著に、『油断！』『団塊の世代』『知価革命』『日本とは何か』『巨いなる企て』『世界を創った男　チンギス・ハン』『三人の二代目』などがある。

ISBN978-4-06-217098-7　N.D.C.302 237p 20cm

第《だい》三《さん》の敗《はい》戦《せん》

二〇一一年六月三日　第一刷発行

著者　堺屋《さかいや》太一《たいち》
発行者　鈴木 哲
発行所　株式会社 講談社
〒一一二-八〇〇一
東京都文京区音羽二-一二-二一
電話　出版部　〇三(五三九五)三五一六
販売部　〇三(五三九五)三六二二
業務部　〇三(五三九五)三六一五
印刷所　大日本印刷株式会社
製本所　黒柳製本株式会社

定価はカバーに表示してあります。

© Taichi Sakaiya 2011, Printed in Japan

落丁本・乱丁本は、購入書店名を明記のうえ、小社業務部あてにお送りください。送料小社負担にてお取り替えいたします。この本についてのお問い合わせは、学芸局出版部あてにお願いいたします。本書のコピー、スキャン、デジタル化等の無断複製は著作権法上での例外を除き禁じられています。本書を代行業者などの第三者に依頼してスキャンやデジタル化することは、たとえ個人や家庭内の利用でも著作権法違反です。